定期テスト **ズバリよくでる** 国語 3年 光村図書版 国語3

もくじ

取り外してお使いください 赤シート+直前チェックBOOK,別冊解答

※全国の定期テストの標準的な出題範囲を示しています。学校の学習進度とあわない場合は,「あなたの学校の出題範囲」欄に出題範囲を書きこんでお使いください。

Step 1

世界はうつくしいと

15分

❶ 詩を読んで、問いに答えなさい。

▼㊎巻頭

世界はうつくしいと

長田《おさだ》 弘《ひろし》

うつくしいものの話をしよう。
いつからだろう。ふと気がつくと、
うつくしいということばを、ためらわず
口にすることを、誰もしなくなった。
そうしてわたしたちの会話は貧しくなった。
うつくしいものをうつくしいと言おう。
風の匂いはうつくしいと。渓谷《けいこく》の
石を伝わってゆく流れはうつくしいと。
午後の草に落ちている雲の影はうつくしいと。
遠くの低い山並みの静けさはうつくしいと。
きらめく川辺の光はうつくしいと。
おおきな樹《き》のある街の通りはうつくしいと。
行き交《か》いの、なにげない挨拶はうつくしいと。
花々があって、奥行きのある路地はうつくしいと。
雨の日の、家々の屋根の色はうつくしいと。
太い枝を空いっぱいにひろげる
晩秋の古寺の、大銀杏《おおいちょう》はうつくしいと。

(1) 3・4行目「うつくしいということばを……しなくなった」とありますが、この結果、どんなことが起こったのですか。次から一つ選び、記号で答えなさい。

ア わたしたちがうつくしいものに気づかなくなった。
イ わたしたちの会話が豊かなものではなくなった。
ウ わたしたちが、お互いに口をきかなくなった。

(2) 23行目「ニュースとよばれる日々の破片」とありますが、これと対比されているものを七字で抜き出しなさい。

(3) この詩の主題を次から一つ選び、記号で答えなさい。

ア 自分が美しいと感じたものについて話せばもっと仲良くなれる。
イ 世界から消えていくものの美しさをかみしめて生きていきたい。
ウ この世界の美しさが消えないように、とどめる方法を考えたい。

ヒント

(2) 作者は「ニュースとよばれる日々の破片」にとらわれることに疑問を投げかけ、「わたしたちの価値」を別のところに見いだしているんだね。

(3) 「過ぎてゆく季節」と「老いてゆく人」の共通点を考えよう。

冬がくるまえの、曇《くも》り日の、
南天の、小さな朱《あか》い実はうつくしいと。
コムラサキの、実のむらさきはうつくしいと。
過ぎてゆく季節はうつくしいと。
さらりと老いてゆく人の姿はうつくしいと。
一体、ニュースとよばれる日々の破片が、
わたしたちの歴史と言うようなものだろうか。
あざやかな毎日こそ、わたしたちの価値だ。
うつくしいものをうつくしいと言おう。
幼い猫とあそぶ一刻はうつくしいと。
シュロの枝を燃やして、灰にして、撒《ま》く。
何ひとつ永遠なんてなく、いつか
すべて塵《ちり》にかえるのだから、世界はうつくしいと。

長田　弘「世界はうつくしいと」より

テストで点を取るポイント

国語の中間・期末テストでは、次のポイントを押さえて確実に点数アップをねらうことができます。

☑ **ノートを確認して、教科書を音読する**

❶ 授業中の板書を写したノートをおさらいします。
国語の定期テストでは黒板に書かれた内容がテストで問われることが多く、先生によっては要点を赤字にしたり、繰り返し注意したりしてヒントを出してくれています。

❷ 教科書の文章を音読して読み直す。
テストで出る文章は決まっているので、かならず何度も読み直して文章内容を理解しておきましょう。

☑ **ステップ1・ステップ2を解く**

≫ 実際に文章読解問題・文法問題を解いて、内容を理解できているか確認します。いずれも時間を計って、短時間で解く練習をしておきましょう。

☑ **小冊子で漢字を確認する**

≫ テスト直前には新出漢字や文法事項、古文単語などの暗記事項を確認します。

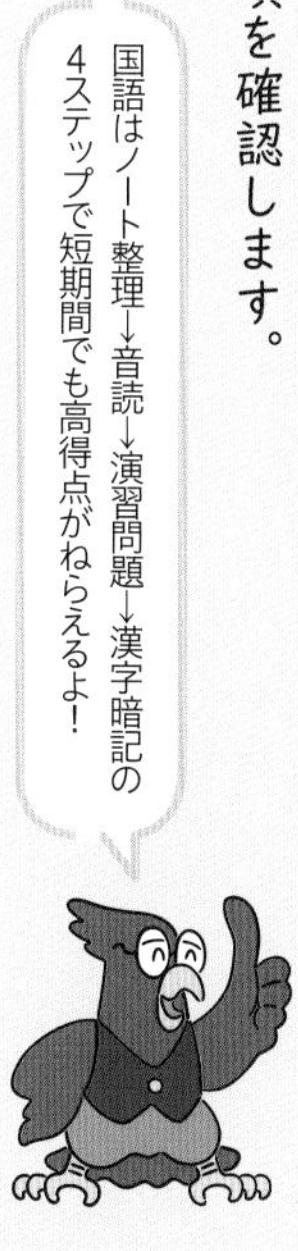
国語はノート整理→音読→演習問題→漢字暗記の
4ステップで短期間でも高得点がねらえるよ！

Step 1

握手

15分

1 文章を読んで、問いに答えなさい。

教 16ページ14行～18ページ6行

　フォークを持つ手の人さし指がぴんと伸びている。指の先の爪は潰れており、鼻くそを丸めたようなものがこびりついている。正常な爪はもう生えてこないのである。あの頃、ルロイ修道士の奇妙な爪について、天使園には①こんなうわさが流れていた。日本にやって来て二年もしないうちに戦争が始まり、ルロイ修道士たちは横浜から出帆する最後の交換船でカナダに帰ることになった。ところが日本側の都合で、交換船は出帆中止になってしまったのである。そして、連れていかれたところは丹沢《たんざわ》の山の中。戦争が終わるまで、ルロイ修道士たちはここで荒れ地を開墾し、みかんと足柄《あしがら》茶を作らされた。そこまではいいのだが、カトリック者は日曜日の労働を戒律で禁じられているので、ルロイ修道士が代表となって監督官に、「日曜日は休ませてほしい。その埋め合わせは、他の曜日にきっとする。」と申し入れた。すると監督官は、「大日本帝国の七曜表は月月火水木金金。この国には土曜も日曜もありゃせんのだ。」と叱りつけ、見せしめに、ルロイ修道士の左の人さし指を木づちで思い切りたたき潰したのだ。だから気をつけろ。ルロイ先生はいい人にはちがいないが、②心の底では日本人を憎んでいる。いつかは爆発するぞ。……しかし、ルロイ先生はいつまでたっても優しかった。そればかりかルロイ先生は、戦勝国の白人であるにもかかわらず敗戦国

(1) ――線①「こんなうわさ」とありますが、その内容はどこに書かれていますか。その部分を文章中から探し、初めと終わりの四字を抜き出しなさい。(句読点を含む。)

□□□□ ～ □□□□

(2) ――線②「心の底では日本人を憎んでいる」とありますが、子供たちがそう思ったのはなぜですか。次から一つ選び、記号で答えなさい。

ア　日曜日も仕事をする勤勉さが合わなかったから。
イ　敗戦国である日本の人々をばかにしていたから。
ウ　戦時中、日本人にひどい目に遭わされたから。

(　　)

(3) ――線③「すぐ立ち消えになった」とありますが、それはなぜですか。次から一つ選び、記号で答えなさい。

ア　ルロイ修道士がいつも子供たちを優しく見守り続けたから。
イ　うわさが立ってもルロイ修道士が全く相手にしなかったから。
ウ　うわさが本当かどうか、誰も確かめられなかったから。

(　　)

(4) ――線④「右の人さし指をぴんと立てた」について、問いに答えなさい。

の子供のために、泥だらけになって野菜を作り鶏を育てている。これはどういうことだろう。

「ここの子供をちゃんと育ててから、アメリカのサーカスに売るんだ。だから、こんなに親切なんだぞ。あとでどっと元をとる気なんだ。」といううわさも立ったが、③すぐ立ち消えになった。おひたしや汁の実になった野菜がわたしたちの口に入るところを、あんなにうれしそうに眺めているルロイ先生を、ほんの少しでも疑っては罰が当たる。みんながそう思い始めたからである。

「日本人は先生に対して、ずいぶんひどいことをしましたね。交換船の中止にしても国際法無視ですし、木づちで指をたたき潰すに至っては、もうなんて言っていいか。申し訳ありません。」

ルロイ修道士はナイフを皿の上に置いてから、④右の人さし指をぴんと立てた。指の先は天井を指してぶるぶる細かく震えている。また思い出した。ルロイ修道士は、「こら。」とか、「よく聞きなさい。」とか言う代わりに、右の人さし指をぴんと立てるのが癖だった。
⑤「総理大臣のようなことを言ってはいけませんよ。だいたい、日本人を代表してものを言ったりするのは傲慢です。それに、日本人とかカナダ人とかアメリカ人といったようなものがあると信じてはなりません。一人一人の人間がいる、それだけのことですから。」
「わかりました。」

わたしは右の親指をぴんと立てた。これもルロイ修道士の癖で、彼は、「わかった。」「よし。」「最高だ。」と言う代わりに、右の親指をぴんと立てる。そのことも思い出したのだ。

井上　ひさし「握手」〈「ナイン」〉より

❶ この指文字は、どんなことを表していますか。二つ抜き出しなさい。

❷ ルロイ修道士は、この指文字によって「私」のどのようなところをたしなめたのですか。次から一つ選び、記号で答えなさい。

ア 日本人代表のような言い方をしたところ。
イ 自分に対して生意気なことを言ったところ。
ウ 戦争の頃のことを今さら蒸し返したところ。

(5) ――線⑤「総理大臣のようなこと……それだけのことですから」からルロイ修道士のどのような考え方がわかりますか。次から二つ選び、記号で答えなさい。

ア 国籍や人種の区別はなく、一人一人の人間が存在するだけだ。
イ 国籍にとらわれず、国際的な考え方をするべきだ。
ウ 人は傲慢になってはいけない。
エ 自分の国について悪く言うべきではない。

ヒント

(3) 「立ち消え」は、いつのまにか消えてしまうこと。ルロイ修道士についてのうわさは、自然となくなったんだね。

(5) ルロイ修道士は、その直前に「私」が言ったことに対して注意をしたのだ、ということを捉えよう。

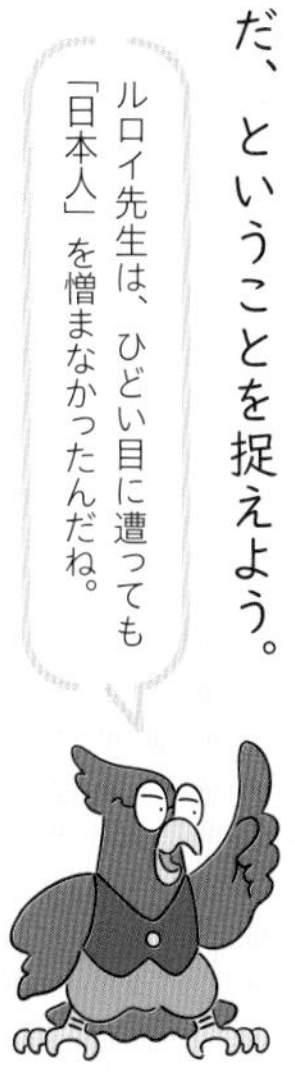
ルロイ先生は、ひどい目に遭っても「日本人」を憎まなかったんだね。

Step 2

握手

20分

／100
目標 75点

1 文章を読んで、問いに答えなさい。思

▼教 21ページ9行〜23ページ3行

「あの子は今、市営バスの運転手をしています。それも、天使園の前を通っている路線の運転手なのです。そこで、月に一度か二度、駅から上川君《かみかわ》の運転するバスに乗り合わせることがあるのですが、そのときは楽しいですよ。まずわたしが乗りますと、①こんな合図をするんです。」

ルロイ修道士は右の親指をぴんと立てた。

「わたしの癖をからかっているんですね。そうして、わたしに運転の腕前を見てもらいたいのでしょうか、バスをぶんぶん飛ばします。最後に、バスを天使園の正門前に止めます。停留所じゃないのに止めてしまうんです。上川君はいけない運転手です。けれども、②そういうときがわたしにはいっとう楽しいのですね。」

「いっとう悲しいときは……？」

「天使園で育った子が世の中に出て結婚しますね。子供が生まれます。ところがそのうちに、夫婦の間がうまくいかなくなる。別居します。離婚します。やがて子供が重荷になる。そこで、天使園で育った子が、自分の子を、またもや天使園へ預けるために長い坂をとぼとぼ上ってやって来る。それを見るときがいっとう悲しいですね。なにも、父子《おやこ》二代で天使園に入ることはないんです。」

ルロイ修道士は壁の時計を見上げて、

(1) ——線①「こんな合図」とありますが、どうすることを指していますか。簡潔に説明しなさい。

(2) ——線②「そういうとき」とありますが、どういうときですか。次から一つ選び、記号で答えなさい。

ア 市営バスの運転手とふざけあっているとき。
イ 天使園にいた子供が成長した姿を見るとき。
ウ 市営バスが天使園の正門前に止まったとき。

点UP

(3) ——線③「ルロイ修道士は……頭をかいた」とありますが、なぜそんな態度を取ったのですか。簡潔に答えなさい。

(4) ——線④「それでも足りずに」とありますが、どのような気持ちを伝えるのに足りなかったのですか。次から一つ選び、記号で答えなさい。

ア 今までしてくれたことへの感謝と、別れのつらさ。
イ うそをつかれた悲しみと、もう会えないという寂しさ。
ウ 天使園の仕事へのねぎらいと、旅立つことへの祝福。

(5) ——線⑤「そのこと」とは、なにを指していますか。文章中の言葉を使って書きなさい。

点UP

(6) ——線⑥「わたしは知らぬ間に……打ちつけていた」とありますが、ここから「わたし」のどんな思いが読み取れますか。「死」「腫瘍」という言葉を用いて書きなさい。（この指言葉は、「おまえは悪い子だ」という意味です。）

「汽車が待っています。」

と言い、右の人さし指に中指をからめて掲げた。これは「幸運を祈る」「しっかりおやり」という意味の、ルロイ修道士の指言葉だった。

　上野駅の中央改札口の前で、思い切ってきいた。

「ルロイ先生、死ぬのは怖くありませんか。わたしは怖くてしかたがありませんが。」

　かつて、わたしたちがいたずらを見つかったときにしたように、③ルロイ修道士は少し赤くなって頭をかいた。

「天国へ行くのですから、そう怖くはありませんよ。」

「天国か。本当に天国がありますか。」

「あると信じるほうが楽しいでしょうが。死ねば、何もないただむやみに寂しいところへ行くと思うよりも、にぎやかな天国へ行くと思うほうがよほど楽しい。そのために、この何十年間、神様を信じてきたのです。」

　わかりましたと答える代わりに、わたしは右の親指を立て、それからルロイ修道士の手をとって、しっかりと握った。④それでも足りずに、腕を上下に激しく振った。

「痛いですよ。」

　ルロイ修道士は顔をしかめてみせた。

　上野公園の葉桜が終わる頃、ルロイ修道士は仙台の修道院でなくなった。まもなく一周忌である。わたしたちに会って回っていた頃のルロイ修道士は、身体《からだ》中が悪い腫瘍の巣になっていたそうだ。葬式で⑤そのことを聞いたとき、⑥わたしは知らぬ間に、両手の人さし指を交差させ、せわしく打ちつけていた。

井上　ひさし「握手」〈「ナイン」〉より

❷ ――線のカタカナを漢字で書きなさい。

❶ 洋服をセンタクする。
❷ 田畑をカイコンする。
❸ チームのカントク。
❹ ゴウマンな振る舞い。

❶						❷	
(1) 10点	(2) 10点	(3) 15点	(4) 10点	(5) 15点	(6) 20点	❶ ❷	❸ ❹ 各5点

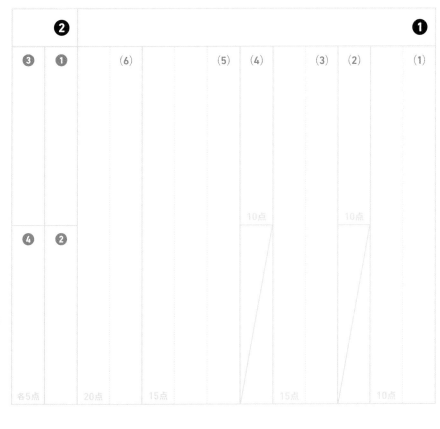

Step 1 学びて時に之《これ》を習ふ――「論語」から

15分

❶ 文章を読んで、問いに答えなさい。

▼教 29ページ1行～30ページ7行

子曰《い》はく、「学びて時に之①を習ふ、亦説《またよろこ》ばしからずや。
朋②《とも》遠方より来たる有り、亦楽しからずや。
人知らずして③慍《うら》みず、亦君子④ならずや。」と。

子曰《ハク》、「学《ビテ》而時《ニ》習《フ》レ之《ヲ》、不《ず》二亦説《バシカラ》一乎《や》。
有《リ》下朋自《より》二遠方一来《タル》上、不二亦楽《シカラ》一乎。
人不《シテ》レ知《ラ》而不レ慍《ミ》、不二亦君子《ナラ》一乎《ト》。」（学而《がくじ》）

子曰はく、「故⑤《ふる》きを温めて新しきを知れば、以⑥《もつ》て師たるべし。」と。

子曰《ハク》、「温《メテ》レ故《キヲ》而知《レバ》レ新《シキヲ》、可《ベシト》二以《テ》為《ル》一レ師矣。」（為政《ゐせい》）

子曰はく、「学びて思はざれば則《すなは》ち罔《くら》し。⑦
思ひて学ばざれば則ち殆《あやふ》し。」と。

(1) ――線①「之」はどのようなことを指していますか。五字で答えなさい。（句読点は含まない。）

(2) ――線②「朋」とは、ここではどのような「朋」だと考えられますか。次から一つ選び、記号で答えなさい。
ア 苦労を共にしてきた親しい友。
イ かつてはライバルであった友。
ウ 同じ学問を志す友。

(3) ――線③「知らずして」とは、どのような意味ですか。次から一つ選び、記号で答えなさい。
ア 覚えてくれなくても。
イ 関わりをもってくれなくても。
ウ 認めてくれなくても。

(4) ――線④「君子」の意味を答えなさい。

(5) ――線⑤「故きを温めて」とは、どのような意味ですか。次から一つ選び、記号で答えなさい。
ア 過去の学説や事例などを重ねて研究して。
イ 過去の学説や事例などを他の人に知らせて。
ウ 過去の学説や事例などを大切にして。

子曰《ハク》、「学《ビテ》而不《ざレバ》レ思《ハ》則《チ》罔《シ》。思《ヒテ》而不《レバ》レ学《バ》則《チ》殆《シ》。」（為政）

子曰はく、「之を知る者は、之を好む者に如《し》かず。之を好む者は、之を楽しむ者に如かず。」と。

子曰《ハク》、「⑧知之者、不レ如《カ》二好《ム》レ之《ヲ》者《ニ》一。好《ム》レ之《ヲ》者《ハ》、不《ト》レ如《カ》二楽《シム》レ之《ヲ》者《ニ》一。」（雍也《ようや》）

「学びて時に之を習ふ――『論語』から」より

(6) ――線⑥「以て師たるべし」の意味を次から一つ選び、記号で答えなさい。

ア 師となる資格があるのだ。　イ 師を持つことができるのだ。
ウ 師が誰なのかを知るのだ。

(7) ――線⑦「学びて思はざれば則ち罔し」とは、どのような意味ですか。次から一つ選び、記号で答えなさい。

ア 学んだことを復習しないと、なかなか定着しない。
イ 学んだことを人に知らせないと、世の中は変わらない。
ウ 学んだことをよく考えて研究しないと、物の道理がわからない。

(8) ――線⑧「知之者」に、書き下し文に従い、返り点と送り仮名を付けなさい。

知 之 者

ヒント

(5) 「温故知新」の故事成語は、ここからできたんだよ。

(7) 「学ぶ」「思ふ」は、それぞれ「教えてもらって学ぶ」「研究して自分で考える」ことを意味するよ。

Step 2

漢字Ⅰ 熟語の読み方（握手～漢字に親しもうⅠ）

20分

／100

目標 75点

1 ――部の漢字の読み仮名を書きなさい。

1 匿名の書き込み。
2 なかなかの代物。
3 分割で支払う。
4 父の遺言。
5 繭玉を作る。
6 藍色の服を着る。
7 正気の沙汰。
8 鶏舎の掃除。
9 無料で頒布する。
10 王に謁見する。
11 冶金を学ぶ。
12 峡谷に吹く風。
13 外堀を埋める。
14 別棟のある家。
15 姓名を書く。

1			
1	5	9	13
2	6	10	14
3	7	11	15
4	8	12	

各2点

2 カタカナを漢字に直しなさい。

1 センタク場に行く。
2 オダやかな毎日。
3 部屋のセイトン。
4 ツメを立てる。
5 土地のカイコン。
6 試験のカントク官。
7 大日本テイコク
8 ドロで汚れる。
9 ゴウマンな態度。
10 遭難者をサガす。
11 ジョウダンを言う。
12 アサセで泳ぐ。
13 師のイッシュウキ。
14 悪性のシュヨウ。
15 ソウシキの日。

2			
1	5	9	13
2	6	10	14
3	7	11	15
4	8	12	

各2点

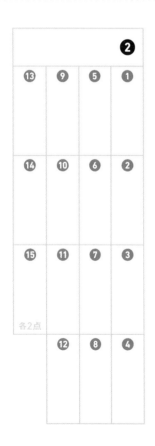

❸ 熟語の音読み、訓読みに関する、次の問いに答えなさい。

(1) 次の（ ）に、「音」か「訓」のどちらかを入れて、文を完成させなさい。

「重箱読み」は、上の漢字を（ ❶ ）、下の漢字を（ ❷ ）で読む読み方である。「湯桶《ゆとう》読み」は、上の漢字を（ ❸ ）、下の漢字を（ ❹ ）で読む読み方である。

(2) 次の熟語の読み方は、ア「音読み＋音読み」、イ「訓読み＋訓読み」のどちらですか。記号で答えなさい。

❶ 境目　❷ 論評
❸ 片道　❹ 調整

(3) 次の熟語の読み仮名を、音は片仮名で、訓は平仮名で書きなさい。また、その読みが重箱読みのものにはアを、湯桶読みのものにはイを書きなさい。

❶ 先手　❷ 朝晩
❸ 夕刊　❹ 銀色

(4) 次の熟字訓の読み方を平仮名で書きなさい。

❶ 小豆　❷ 笑顔　❸ 田舎　❹ 風邪
❺ 白髪　❻ 梅雨　❼ 足袋　❽ 尻尾
❾ 雪崩　❿ 息子　⓫ 土産　⓬ 木綿

❸

(1)	(2)	(3)	(4)
❶	❶	❶	❶
❷	❷	❷	❷
❸	❸	❸	❸
❹	❹	❹	❹
			❺
			❻
			❼
			❽
			❾
			❿
			⓫
			⓬
各2点	各2点	各3点	各1点

テストに出る

●熟語の読み方

(1) 熟語は、基本的に音＋音または訓＋訓で読む。
例 音楽（オン＋ガク）・横笛（よこ＋ぶえ）

(2) 重箱読みは、上の字を音、下の字を訓で読む。
例 台所（ダイ＋どころ）・残高（ザン＋だか）

(3) 湯桶読みは、上の字を訓、下の字を音で読む。
例 場所（ば＋ショ）・見本（み＋ホン）

(4) 熟字訓は、漢字一字ずつではなく、熟語を一つのまとまりとして特別な読み方で読む。
例 今年（ことし）・眼鏡（めがね）

Step 1

作られた「物語」を超えて

15分

❶ 文章を読んで、問いに答えなさい。

▼教 43ページ10行～45ページ8行

ゴリラの群れは十頭前後で、背中の毛が白いシルバーバックとよばれるリーダーのオスを中心に、数頭のメスや子供たちが寄り集まってできている。ドラミングは二つの群れが出会ったときによく起きる。どちらの群れからもシルバーバックが出てきて胸をたたき、辺りの草を引きちぎり、小走りに突進して地面をたたく。近くで見ていると、とても勇壮で迫力満点だ。探検家たちが恐れをなしたのも無理はないと思う。しかし、①こういうときはめったに戦いにはならない。オスたちは少し離れてにらみ合い、しばらく胸をたたき合うと、何事もなかったかのように別れていくのだ。

②シルバーバックがドラミングをするのは群れどうしが出会ったときばかりではない。ゴリラの一日は、みんなでいっしょに旅をしながら食物を探し歩き、満腹になったら寄り集まって休むことの繰り返しである。それは天候にも左右される。激しく雨が降れば、それぞれ木の陰や草むらに潜り込む。雨があがってみんなが木陰から出てくると、シルバーバックがドラミングをする。「さあ、出発しよう。」とみんなに呼びかけているのだ。また、ときどきメスや子供たちが食べ物や休み場所を取り合ってけんかをする。悲鳴が上がり、ゴッゴッと非難する声が聞こえる。すると真っ先にシルバーバックが飛んでいって、いがみ合っているゴリラたちを制止する。そんな

(1) ――線①「こういうとき」とありますが、どのようなときですか。次から一つ選び、記号で答えなさい。

ア　ドラミングの後でそれぞれのリーダーが群れに帰るとき。
イ　ゴリラのリーダーがにらみ合って一歩も引かないとき。
ウ　二つの群れが出会ってリーダーがドラミングをしたとき。

（　　）

(2) ――線②「シルバーバックが……出会ったときばかりではない」とありますが、ここでドラミングをする意味として挙げられていることを、二字から四字で四つ抜き出しなさい。

（　　）（　　）
（　　）（　　）

(3) 筆者は、ゴリラのドラミングが、人間のどのような行動に近いと指摘していますか。「……行動。」に続く形で二十字程度で探し、初めと終わりの三字を抜き出しなさい。

□□□～□□□行動。

とき、ドラミングがとても効果的だ。シルバーバックが胸をたたくと、みんな静まり返るからだ。メスや子供たちもドラミングをすることがある。不満を感じると胸や木の幹をたたく。子供たちの間で追いかけっこが始まると、先に走った子供が誘いかけるように胸をたたいたり、時には木に登って代わる代わる胸をたたき合ったりすることもある。

　このように、ドラミングはゴリラにとって相手に負けないことを示す自己主張であったり、呼びかけであったり、不満や誘いかけであったり、いろいろな意味をもつことがわかる。私たち人間どうしが距離を置いて声をかけ、互いの気持ちを伝え合うように、ゴリラは胸をたたいて自分の気持ちを表したり、相手に誘いかけたりするのである。

　それを十九世紀の探検家が戦いの宣言と誤解して、「ゴリラは好戦的で凶暴な動物だ」という③「物語」を作り出したことによって、ゴリラは④悲惨な運命をたどることになった。密林の奥に潜む戦い好きな怪物をしとめようとするハンターたちの標的になり、多くのゴリラが命を落とした。さらに、その怪物をひと目見たいと思う人々の期待に応えるため、野生のゴリラたちは捕まえられて欧米の動物園へ送られた。扱いやすい子供のゴリラを捕らえようとする人間たちによって、子供を守るために立ちはだかった大人のゴリラたちが射殺された。しかも、凶暴な性格をもつと思われたために、頑丈な檻《おり》の中に鎖でつながれることが多かったのである。野生での平和な群れ生活が紹介されて、動物園でも群れで暮らすことができるようになったのは二十世紀の終わりに近づいてからの話である。

山極　寿一「作られた「物語」を超えて」より

(4) ——線③「物語」とありますが、この言葉には筆者のどのような考えが込められていますか。次から一つ選び、記号で答えなさい。

ア　これは人間が勝手に考えた根も葉もない作り話だという考え。
イ　この物語のおかげでゴリラは人間に親しまれたという考え。
ウ　ゴリラの生態とは違うが、これはこれで面白いという考え。

(5) ——線④「悲惨な運命」について、問いに答えなさい。

❶ この「運命」の原因になったのは、ゴリラがどのような動物だという誤解をもたれたことですか。比喩を用いて表現した部分を十四字で探し、初めの四字を抜き出しなさい。

❷ 「悲惨な運命」の内容として当てはまらないものを次から一つ選び、記号で答えなさい。

ア　ハンターの標的になって殺された。
イ　動物園に入れられ、鎖でつながれた。
ウ　動物園で群れで暮らすようになった。

ヒント

(4) 「物語」とかぎかっこ（「　」）をつけていることに着目しよう。キーワードとして特別な意味を持たせているということである。

Step 2

作られた「物語」を超えて

20分

／100
目標 75点

1 文章を読んで、問いに答えなさい。思

▼教 45ページ9行〜46ページ16行

ゴリラのドラミングに対する誤解が広まったのは、人間がある印象を基に「物語」を作り、それを仲間に伝えたがる性質をもっているからだ。いつの頃からか人間は①言葉を発明して、自分が体験したことを語ることができるようになった。そのおかげで、人間は多くの知識を共有できるようになった。自分が体験していない地震や火事の出来事を人から聞くことによって、適切な対処の方法を知ることができる。まだ見たことのない動物と出会ったらどうすればいいか、それを知っている人から学ぶことができる。言葉は人間の社会に知識を蓄積し、新しい技術や工夫をもたらして、人間が飛躍的に発展する道を開いた。しかし一方で、言葉には自分の体験を脚色したり誇張したりする力もある。実際には見ていないことを、あたかも体験したかのように語ることもできるのだ。それは人の口から口へ、またたくうちに広がっていく。最初の話が誤解によって作られていると、その②間違いに気がつかないうちに、それが社会の常識になってしまうことがよくあるのだ。

こうした誤解に基づく「物語」は、人間の社会にも悲劇をもたらす。何気ない行為が誤解され、それがうわさ話として人から人へ伝わるうちに誇張されて、周りに嫌われてしまうことがある。まだ、同じ言葉で話し合い、誤解を解くことができる間柄なら、③大きな悲劇に

(1) ——線①「言葉を発明」とありますが、筆者は言葉の発明によって人間がどのような力をもったことを問題視していますか。それが書かれた部分を探し、初めと終わりの三字を抜き出しなさい。

(2) ——線②「間違いに気がつかないうちに……なってしまう」のは、人間がどのような性質をもつからですか。性質が書かれた部分を探し、初めと終わりの三字を抜き出しなさい。

(3) ——線③「大きな悲劇」について、答えなさい。

1 大きな悲劇を避けることができない可能性が高いのは、どういう間柄ですか。

2 **1**のような間柄では、悲劇はどのような形で現れていますか。五字で抜き出しなさい。

点UP
3 筆者はこのような悲劇が絶えないのはなぜだと考えていますか。それが書かれた一文を探し、初めと終わりの三字を抜き出しなさい。(句読点を含む。)

(4) ——線④「反対側」を具体的に言い換えるとどうなりますか。文章中の五字の言葉で答えなさい。

点UP
(5) ——線⑤「人間自身を見る目がいかに誤解に満ちているか」とありますが、筆者は、この誤解を解くためには何が必要だと述べていますか。文章中の言葉を使って、二つに分けて説明しなさい。

発展することを抑えることができる。だが、言葉や文化の違う民族の間では、誤解が修復されないまま「物語」が独り歩きをして敵対意識を増幅しかねない。私がゴリラの調査で足を踏み入れるルワンダやコンゴなどでも紛争が絶えず、肌で戦いを感じる機会が何度もあった。今でも世界各地で争いや衝突が絶えないのは、互いに相手を悪として自分たちに都合のよい「物語」を作りあげ、それを世代間で継承し、果てしない戦いの心を抱き続けるからだ。どちらの側にいる人間も、その「物語」を真に受け、④反対側に立って自分たちを眺めてみることをしない。

アフリカの森で暮らすゴリラの調査を通じて、私は人間の、自然や動物、そして⑤人間自身を見る目がいかに誤解に満ちているかを知ることができた。その誤解を解くためには、相手の立場に立って、一つ一つの行動にどんな意味があるかを考えることが必要である。人から伝え聞いた「物語」と実際に自分が向かい合っている現象とを照らし合わせ、これまでの常識を疑ってみる態度も必要となる。「物語」によって作られた常識の陰に、しいたげられている生き物や人間がいないか、意味を取り違えて排除していることがないか、思いを巡らすことが大切だと思う。

山極　寿一「作られた『物語』を超えて」より

❷ ――線のカタカナを漢字で書きなさい。

① キョウボウな性格。

② ヒサンな光景を見る。

③ ユウソウに戦う姿。

④ 象をクサリにつなぐ。

❶							❷	
(1)	(2)	(3) ①	(3) ②	(3) ③	(4)	(5)	①	③
〜 10点	〜 10点	10点	〜 10点	〜 10点	10点	・ ・ 各10点	②	④ 各5点

成績評価の観点　思…思考・判断・表現

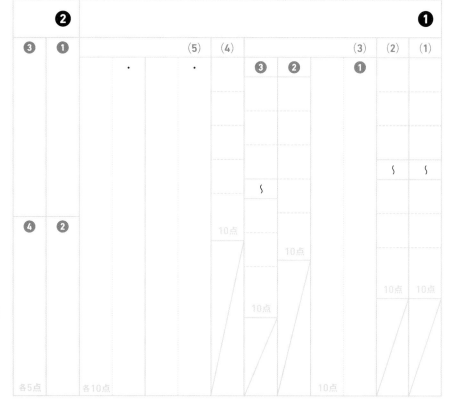

Step 2

文法への扉1 すいかは幾つ必要?

(作られた「物語」を超えて~報道文を比較して読もう)

20分

/100

目標 75点

1 ——部の漢字の読み仮名を書きなさい。

1 波が泡立つ。
2 同僚の顔。
3 水槽の魚。
4 担任との懇談。
5 初志を貫徹する。
6 某所での撮影。
7 親睦を深める。
8 雑巾で拭く。
9 臭いが強い。
10 倹約する生活。
11 舶来の腕時計。
12 探偵をやとう。
13 寺に住む僧侶。
14 作品の模倣。
15 欧米の国々。

1

1	2	3	4
5	6	7	8
9	10	11	12
13	14	15	

各2点

2 カタカナを漢字に直しなさい。

1 キョウボウな生き物。
2 ユウソウに戦う。
3 ヒサンな結末。
4 クサリをかける。
5 フンソウの地域。
6 ジュウを構える。
7 表現をコチョウする。
8 考えをメグらす。
9 訳文のヘイキ。
10 兄のヒョウショウ式。
11 友人のスイセン。
12 タイグウが良い。
13 タキにわたる。
14 国にコウケンする。
15 カイギ的な意見。

2

1	2	3	4
5	6	7	8
9	10	11	12
13	14	15	

各2点

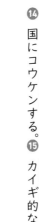

❸ 文法に関する次の問いに答えなさい。

(1) 次の文の――部を、文節・連文節の対応が整うように書き直しなさい。

❶ 私の夢は、サッカー選手に<u>なります</u>。

❷ 僕には、みんながこの問題を理解していないように<u>思う</u>。

(2) 次の各文を、a・bの意味にするには、どこに読点を打てばよいですか。それぞれ記号で答えなさい。

❶ けんたは［ア］ひかると［イ］あおいに［ウ］会った。

a 「けんた」が「ひかるとあおい」の二人に会ったという意味。

b 「けんたとひかる」の二人が「あおい」に会ったという意味。

❷ 姉は［ア］うつ向いて［イ］泣いている［ウ］妹の［エ］話を［オ］聞いた。

a うつ向いているのは「姉」という意味。

b うつ向いているのは「妹」という意味。

(3) 次の文を、「昨日新聞が届いた」という意味になるように、後の条件に従って書き換えなさい。

・昨日完成した学級新聞が届いた。

❶ 二つの文に分ける。

❷ 言葉の順序を入れかえる。

(4) 次のそれぞれの文の（　）に当てはまる呼応の副詞を後から選び、記号で答えなさい。

・（ ❶ ）明日は雨が降るだろう。しかし、（ ❷ ）そうだとしても、この計画は（ ❸ ）中止することはない。

・（ ❹ ）彼がそこまで必死なのかわからないが、そのときの彼の目は、（ ❺ ）炎が燃えているかのようだった。

ア なぜ　イ 決して　ウ まるで
エ たぶん　オ たとえ

(5) 次の文で、❶～❸の意味を表す場合、（　）にどのような助詞を入れたらよいですか。後から選び、記号で答えなさい。

・僕は浜辺（　）走った。

❶ 走って通過したのが浜辺であった意味。

❷ 向かった方向が浜辺であった意味。

❸ 走った場所が浜辺であった意味。

ア へ　イ で　ウ を

❸

(1)	(2)	(3)	(4)	(5)
❶	❶ a	❶	❶	❶
❷	❶ b	❷	❷	❷
	❷ a		❸	❸
	❷ b		❹	各2点
			❺	
各3点	各2点	各5点	各2点	

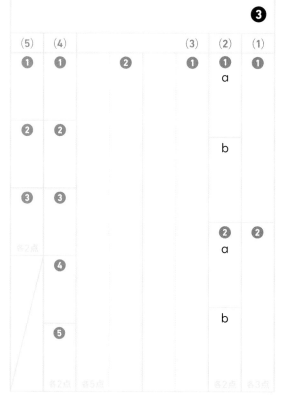

Step 1

俳句の可能性／俳句を味わう

15分

❶ 文章を読んで、問いに答えなさい。

▼㊈71ページ3行～10行、74ページ

いくたびも雪の深さを尋ねけり　　正岡《まさおか》子《し》規《き》　A

雪が激しく降っている。重い病気で寝ている子規が、僅かに見える障子の穴からその様子を見ている。どのくらい積もったのか、確かめることができない子規は、病室を出入りする人に、積雪の様子を幾度も尋ねる。今、くるぶしくらいまで積もったよ、とか、膝が埋まるくらいになったよ、などと聞き、庭や道路や公園に積もった雪景色を想像する。

降る雪のことを詳しく説明したくても、「定型」①という制約の中では全部言い尽くせない。そこを補うために工夫された方法の一つに「切れ字」がある。例えば、冒頭の句で、これ以上は言えないという断念を表しているのが、最後の「かな」であり、子規の句の「けり」である。

宇多　喜代子「俳句の可能性」より

(1) Aの句から季語を抜き出し、季節を答えなさい。

季語（　　　）　季節（　　　）

(2) Aの句で、作者が何度も「雪の深さ」をたずねているのはなぜですか。次から一つ選び、記号で答えなさい。

ア 病のために部屋から出られないが、外の様子が気になるから。

イ 雪がひどくなって、家族が帰れなくなるのを心配しているから。

ウ 雪の深さを、自分の病の重さに重ね合わせてしまうから。

（　　　）

(3) ――線①「定型」とありますが、何を指しますか。当てはまる漢数字を入れなさい。

（　　）・（　　）・（　　）の（　　）音。

(4) B～Fの句のうち、次の条件に合うものをすべて選び、それぞれ記号で答えなさい。

❶ 体言止めの句　❷ 字余りの句

❸ 中間切れの句　❹ 二句切れの句

❺ 切れ字のある句　❻ 自由律俳句

❼ 春の句

赤い椿《つばき》白い椿と落ちにけり　河東碧梧桐《かわひがしへきごとう》　B

萬緑《ばんりょく》の中や吾子《あこ》の歯生え初《そ》むる　中村草田男《なかむらくさたお》　C

くろがねの秋の風鈴鳴りにけり　飯田蛇笏《いいだだこつ》　D

金剛《こんごう》の露ひとつぶや石の上　川端茅舎《かわばたぼうしゃ》　E

咳《せき》をしても一人　尾崎放哉《おざきほうさい》　F

「俳句を味わう」より

❶ ❷ ❸ ❹ ❺ ❻ ❼

(5) Cの句で対比されている色を、それぞれ俳句の中から抜き出しなさい。

［　　］の色と、［　　　　］の色。

(6) Fの句で詠まれているのは、作者のどのような心情ですか。次から一つ選び、記号で答えなさい。

ア　咳をしている自分を客観的に見ている面白さ。
イ　再び元気になって、春を迎えることへの切望。
ウ　病床の作者が感じた、言いようのない孤独感。

ヒント

(2) 「いくたびも」は「何度も」という意味。どうして何度も同じことを聞いているのか、作者の思いを想像しよう。

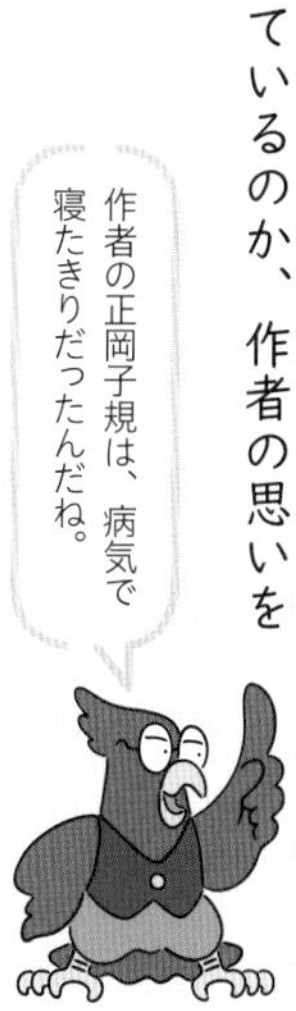
作者の正岡子規は、病気で寝たきりだったんだね。

(5) 若々しい生命の芽生えが、鮮やかな色彩の対比によって表現された俳句だよ。

(6) ずっと一人だったけど、病気になり、咳をしてもやっぱり一人なのだなあ、という俳句だね。

Step 2

俳句の可能性／俳句を味わう

20分

／100
目標 75点

❶ 文章を読んで、問いに答えなさい。思
▼教 71ページ12行〜72ページ15行、74ページ

跳箱《とびばこ》の突き手一瞬冬が来る　　友岡《ともおか》子郷《しきょう》　A

初冬の体育館で体育の跳び箱練習をしている瞬間を、カメラに捉えたと思えばいい。跳び箱に手を突いて空中に飛び上がった。その一瞬、宙で触れた澄んだ大気に、「冬だ。」と感じたのだ。「跳箱の突き手一瞬」と「冬が来る」ことは無関係だが、作者の感性は、この二つを一つにすることで、初冬のきりっとした季節感を出すことに成功している。

①「一瞬」を「冬」という長い時間につなぐことができるように、短い字数でいろいろなことが表現できるところに、俳句の可能性が秘められている。

たんぽぽの②ぽぽと絮毛《わたげ》のたちにけり　　加藤《かとう》楸邨《しゅうそん》　B

この句を声に出してみるといい。「ぽぽ」というときの唇の丸い形と声の響きが、たんぽぽの丸い絮毛の軽やかな様子をよく表していることに気づくだろう。声に出して読むことで言葉が生き生きしてくるのも、韻文の特徴の一つである。③その特徴をさらに生かしたのが次の句だ。

(1) Aの句で、——線①「『一瞬』を……長い時間につなぐ」とは、どういうことですか。次から一つ選び、記号で答えなさい。

ア 突き手の一瞬を、冬と同じくらい長い時間のように感じている。
イ 突き手の一瞬の緊張感を、初冬の季節感と重ね合わせている。
ウ 突き手の一瞬だけ、冬がやってきたように錯覚している。

(2) Bの句について、問いに答えなさい。

❶ ——線②「ぽぽ」という言葉は何を表現していますか。十六字で探し、初めの六字を抜き出しなさい。

❷ ——線③「その特徴」とは、何のどのような特徴ですか。

点UP
(3) Cの句で、「分け入っても」という言葉の繰り返しはどのような効果をもたらしていますか。

(4) ——線④「俳句は難しい」とありますが、こうした意見に対して、筆者はどのように考えていますか。これを説明した次の文の（　）に当てはまる言葉を、抜き出しなさい。

俳句で大切なのは（ ❶ ）にとらわれるよりも身近なものに（ ❷ ）をもつことであり、そうすれば（ ❸ ）なことを書こうとしなくてもよい俳句ができるものだ。

(5) B〜Eの句から切れ字を探し、すべて抜き出しなさい。

点UP
(6) Dの句で、「うたがはず」という言葉から、作者のどのような様子が読み取れますか。

分け入つても分け入つても青い山　　種田山頭火《たねださんとうか》　C

放浪の俳人とよばれた山頭火は、一人で全国を行脚《あんぎゃ》する旅に出た。繰り返した言葉のリズムが、山道をひたすら進む歩調に重なり、読者を共に歩いているかのような調子に誘い込む。

この句は五・七・五の定型をはみ出しており、季語もない。このような自由な音律の俳句を「自由律俳句」とよび、季語のない俳句を「無季俳句」とよんでいる。

約束が多くて、④俳句は難しいと思われるかもしれないが、ここに取り上げた俳句には特別なものは一つも出てこない。涼しい風、雪、跳び箱、たんぽぽ、歩くことなど、私たちの身近なものばかりだ。関心をもてば、教室の窓から見える雲も、風に揺れる草木も、道端の小石も虫も、友達や家族も、みな俳句の主役になってくれる。

宇多喜代子「俳句の可能性」より

バスを待ち大路の春をうたがはず　　石田波郷《いしだはきょう》　D

流れ行く大根の葉の早さかな　　高浜虚子《たかはまきょし》　E

「俳句を味わう」より

2 ――線のカタカナを漢字で書きなさい。

① ヒザをすりむく。
② ワズかな可能性。
③ 分けヘダてなく育てる。
④ クワしく説明する。

1									2			
(1)	(2) ①	(2) ②	(3)	(4) ①	(4) ②	(4) ③	(5)	(6)	①	②	③	④
10点	10点		10点	各5点			10点	10点	各5点			

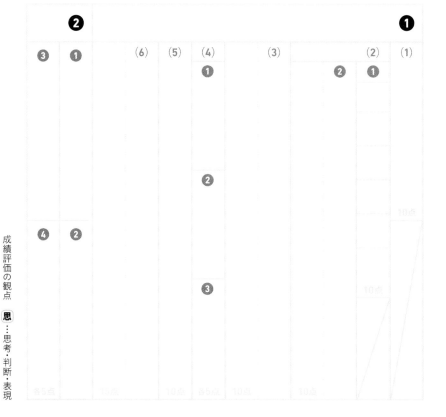

Step 2

言葉1 和語・漢語・外来語（俳句の可能性～「私の一冊」を探しにいこう）

20分

／100
目標 75点

1

――部の漢字の読み仮名を書きなさい。

① 江戸の侍。
② 宵の月を見る。
③ 滝つぼに落ちる。
④ 大きな桑畑。
⑤ 訴訟を起こす。
⑥ 債権者が来る。
⑦ 情報の隠蔽。
⑧ 経営が破綻する。
⑨ 野球選手の年俸。
⑩ 進捗の確認。
⑪ 卸売り業を営む。
⑫ 冬の匂いを嗅ぐ。
⑬ 膝をぶつける。
⑭ 木陰で休む。
⑮ 軽やかな足取り。

1			
①	⑤	⑨	⑬
②	⑥	⑩	⑭
③	⑦	⑪	⑮
④	⑧	⑫	

各2点

2

カタカナを漢字に直しなさい。

① アラシの夜。
② 空がクモる。
③ ケンバンをたたく。
④ ハガネのような腕。
⑤ イクドも問う。
⑥ ウズを巻く。
⑦ ワズかな時間。
⑧ ショウジを開ける。
⑨ ヘイボンな毎日。
⑩ 道をタズねる。
⑪ チガいが大きい。
⑫ グウゼン出会う。
⑬ ゴカイを生む。
⑭ ミリョクを感じる。
⑮ インを踏む。

2			
①	⑤	⑨	⑬
②	⑥	⑩	⑭
③	⑦	⑪	⑮
④	⑧	⑫	

各2点

3 和語・漢語・外来語・混種語に関する、次の問いに答えなさい。

(1) 次の❶〜❸は、ア和語、イ漢語、ウ外来語の、どの語の印象を述べたものですか。記号で答えなさい。

❶ 新鮮さや軽快さをもたらす効果がある。

❷ 親しみやすく、意味を捉えやすい。

❸ 抽象的な意味を表す語も多く、硬い語感をもつ傾向がある。

(2) 次の語は、ア和語、イ漢語、ウ外来語、エ混種語のどれに当たりますか。記号で答えなさい。

❶ ライフライン　❷ 生活

❸ カステラ　❹ 海

❺ 教え　❻ サッカー選手

❼ 修学旅行　❽ かるた遊び

(3) 次の表に入る言葉を後から選び、記号で答えなさい。

和語	漢語	外来語
くだもの	（❶）	（❷）
（❸）	旅館	（❹）
（❺）	（❻）	ライフ

ア ホテル　イ フルーツ　ウ 宿屋

エ 生活　オ 暮らし　カ 果実

3

(1) ❶　❷　❸　各4点

(2) ❶　❷　❸　❹　❺　❻　❼　❽　各2点

(3) ❶　❷　❸　❹　❺　❻　各2点

テストに出る

●和語・漢語・外来語

和語（大和《やまと》言葉）　もともと日本で使われていた語。親しみやすく、意味を捉えやすい。

例 明るい　花　ゆりかご

漢語　漢字の音読みが使われている語。硬い語感をもち、抽象的な意味を表す語も多い。

例 周囲　自然　思考

外来語　漢語以外で外国語から取り入れられた語。普通、片仮名で書かれる。

例 サッカー　トランプ　ニュアンス

Step 1

挨拶——原爆の写真によせて

15分

❶ 詩を読んで、問いに答えなさい。

▼教 94ページ1行～96ページ12行

挨拶——原爆の写真によせて

石垣《いしがき》 りん

あ、
この焼けただれた顔は
一九四五年八月六日
その時広島にいた人
二五万の焼けただれのひとつ

すでに此《こ》の世にないもの

とはいえ
友よ
向き合った互《たが》いの顔を
も一度見直そう
戦火の跡もとどめぬ
すこやかな今日の顔
すがすがしい朝の顔を

その顔の中に明日の表情をさがすとき

(1) 9行目に「向き合った互の顔」とありますが、誰と誰が向き合っているのですか。一字と三字でそれぞれ抜き出しなさい。

□ □□□

(2) 12・13行目に「すこやかな今日の顔／すがすがしい朝の顔」とありますが、これと対比されている「顔」を抜き出しなさい。

（　　　）

(3) 第四連に「私はりつぜんとするのだ」とありますが、なぜ「りつぜんとする」のですか。これについて説明した次の文の□に当てはまる言葉を詩の中から抜き出しなさい。

地球上に数百個もの□□があるのに、「あなた」は□□していて、□□□で□□□顔をしているから。

(4) 第六連に「何か」とありますが、これは何を指していますか。次から一つ選び、記号で答えなさい。

ア 原爆を積んだ爆撃機。　イ 原爆で死んだ人々の足音。
ウ 平和を叫ぶ人々の声。

（　　　）

私《わたし》はりつぜんとするのだ

地球が原爆を数百個所持して
生と死のきわどい淵《ふち》を歩くとき
なぜそんなにも安らかに
あなたは美しいのか

しずかに耳を澄ませ
何かが近づいてきはしないか
見きわめなければならないものは目の前に
えり分けなければならないものは
手の中にある
午前八時一五分は
毎朝やってくる

一九四五年八月六日の朝
一瞬にして死んだ二五万人の人すべて
いま在る
あなたの如《ごと》く　私の如く
やすらかに　美しく　油断していた。

石垣　りん「挨拶——原爆の写真によせて」〈石垣りん詩集〉より

(5) 25行目「午前八時一五分」とありますが、何の時刻を指していますか。当てはまる言葉を抜き出しなさい。

□□□□年□月□日に、広島に□□が投下された時刻。

(6) この詩の主題は何ですか。次から一つ選び、記号で答えなさい。

ア　原爆の悲惨さを忘れずに、これからも現在の平和な日本を守り抜いてほしい。
イ　いつ原爆が投下されても不思議でない危機的状況にいることを認識してほしい。
ウ　戦争の恐ろしさを知らぬ世代にも、原爆の悲惨さを語り継いでほしい。

ヒント

(2) 平和な日本で安らかに暮らしている人の顔を描写しているね。これと対比されているのは、原爆の被害を受けた人の悲惨な顔だよ。

(6) 20行目「しずかに耳を澄ませ」に着目しよう。強い言葉で、読み手に訴えかけているね。

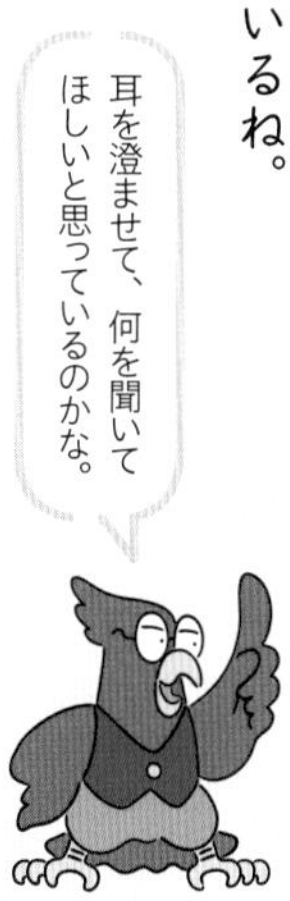
耳を澄ませて、何を聞いてほしいと思っているのかな。

Step 1

故郷

❶ 文章を読んで、問いに答えなさい。

▼㊥98ページ1行～99ページ15行

厳しい寒さの中を、二千里の果てから、①別れて二十年にもなる故郷へ、私は帰った。

もう真冬の候であった。そのうえ、故郷へ近づくにつれて、空模様は怪しくなり、冷たい風がヒューヒュー音を立てて、船の中まで吹き込んできた。苫《とま》の隙間から外をうかがうと、鉛色の空の下、わびしい村々が、いささかの活気もなく、あちこちに横たわっていた。覚えず寂寥《せきりょう》の感が胸に込み上げた。

ああ、これが二十年来、片時も忘れることのなかった故郷であろうか。

私の覚えている故郷は、まるで②こんなふうではなかった。私の故郷は、もっとずっとよかった。その美しさを思い浮かべ、その長所を言葉に表そうとすると、しかし、その影はかき消され、言葉は失われてしまう。③やはりこんなふうだったかもしれないという気がしてくる。そこで私は、こう自分に言い聞かせた。もともと故郷はこんなふうなのだ——進歩もないかわりに、私が感じるような寂寥も ありはしない。そう感じるのは、自分の心境が変わっただけだ。なぜなら、今度の帰郷は決して楽しいものではないのだから。

今度は、故郷に別れを告げに来たのである。私たちが長いこと一族で住んでいた古い家は、今はもう他人の持ち物になってしまった。

❶ (1) ——線①「別れて二十年にも……帰った」とありますが、何をしに帰って来たのですか。十一字で抜き出しなさい。

❷ 故郷を見た「私」の心情を表した言葉を、四字で抜き出しなさい。

(2) ——線②「こんなふう」とありますが、故郷の様子を描写した一文を探し、初めの五字を抜き出しなさい。

(3) ——線③「やはりこんなふうだったかもしれない」とありますが、故郷が変わっていないのに違って見えるのはなぜだと「私」は考えていますか。次から一つ選び、記号で答えなさい。

ア 今回の帰郷を楽しんでいない「私」の心境が、故郷を美しいものだと感じさせないため。

イ すでに二十年前の記憶があいまいで、どんなだったかがはっきりと思い出せないため。

ウ 故郷の風景は変わらなくても、親戚も引っ越していなくなってしまいなじみがないため。

15分

明け渡しの期限は今年いっぱいである。どうしても旧暦の正月の前に、住み慣れた古い家に別れ、なじみ深い故郷をあとにして、私が今暮らしを立てている異郷の地へ引っ越さねばならない。

明くる日の朝早く、私は我が家の表門に立った。屋根には一面に枯れ草のやれ茎が、折からの風になびいて、この古い家が持ち主を変えるほかなかった理由を説き明かし顔である。いっしょに住んでいた親戚たちは、もう引っ越してしまった後らしく、ひっそり閑としている。自宅の庭先まで来てみると、母はもう迎えに出ていた。後から、八歳になる甥《おい》のホンル（宏児）も飛び出した。

母は機嫌よかったが、さすがに④やるせない表情は隠し切れなかった。私を座らせ、休ませ、茶をついでくれなどして、すぐ引っ越しの話は持ち出さない。ホンルは、私とは初対面なので、離れた所に立って、じっと私の方を見つめていた。

だが、とうとう引っ越しの話になった。私は、⑤あちらの家はもう借りてあること、家具も少しは買ったこと、あとは家にある道具類をみんな売り払って、その金で買い足せばよいこと、などを話した。母もそれに賛成した。そして、荷造りもほぼ終わったこと、かさばる道具類は半分ほど処分したが、よい値にならなかったこと、などを話した。

魯迅／竹内好訳「故郷」〈魯迅文集 第一巻〉より

(4) ――線④「やるせない表情」とありますが、母がこのような表情をしているのはなぜですか。次から一つ選び、記号で答えなさい。

ア ひさしぶりに会った息子の変わり果てた様子に驚いたから。
イ 引っ越しの準備がなかなか進まずに、疲れているから。
ウ 住み慣れた故郷を離れなければならないことがつらいから。

(5) ――線⑤「あちら」とありますが、どこのことですか。十六字で抜き出しなさい。

ヒント

(3) 「私」は、故郷がまったくちがってみえる原因について、「自分の心境が変わっただけだ」と考え、その理由を「今度の帰郷は決して楽しいものではない」からだと述べている。

(4) 「私」が帰ってきたために機嫌がよいが、一方でやはり引っ越しをしなければならないことをつらく感じている。

(5) 母がこれから引っ越しをしていく場所だ。

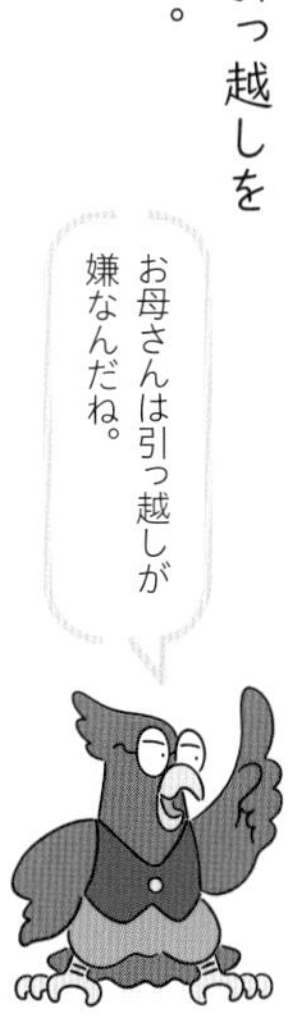

Step 2

故郷

20分

／100
目標 75点

❶ 文章を読んで、問いに答えなさい。 思

▼教 105ページ19行〜107ページ16行

ある寒い日の午後、私は食後の茶でくつろいでいた。表に人の気配がしたので、振り向いてみた。思わずあっと声が出かかった。急いで立ち上がって迎えた。

来た客はルントウである。ひと目でルントウとわかったものの、そのルントウは、①私の記憶にあるルントウとは似もつかなかった。背丈は倍ほどになり、昔の艶のいい丸顔は、今では黄ばんだ色に変わり、しかも深いしわが畳まれていた。目も、彼の父親がそうであったように、周りが赤く腫れている。私は知っている。海辺で耕作する者は、一日中潮風に吹かれるせいで、よく②こうなる。頭には古ぼけた毛織りの帽子、身には薄手の綿入れ一枚、全身ぶるぶる震えている。紙包みと長いきせるを手に提げている。その手も、私の記憶にある血色のいい、丸々した手ではなく、太い、節くれだった、しかもひび割れた、松の幹のような手である。

私は、感激で胸がいっぱいになり、しかしどう口をきいたものやら思案がつかぬままに、ひと言、

③「ああルンちゃん――よく来たね……。」

続いて言いたいことが、後から後から、数珠《じゅず》つなぎになって出かかった。チアオチー、跳ね魚、貝殻、チャー……。だが、それらは、何かでせき止められたように、頭の中を駆け巡るだけで、口からは

(1) ――線①「私の記憶にあるルントウ」は、今と違い、どのような様子だったのですか。一文にまとめて答えなさい。

(2) ――線②「こうなる」とありますが、どのようになることですか。文章中の言葉を用いて答えなさい。

(3) ――線③「ああルンちゃん――よく来たね……。」と言ったときの「私」の心情を次から一つ選び、記号で答えなさい。

ア ルントウのことがひと目でわかった自分自身に驚く気持ち。
イ ルントウの変わり果てた姿が受け止めきれず、悲しむ気持ち。
ウ ルントウとの再会を喜ぶ一方、変わりようにとまどう気持ち。

点UP

(4) ――線④「喜びと寂しさ」とありますが、それぞれどのような気持ちですか。

(5) ――線⑤「声にはならなかった」について答えなさい。

❶ なぜ「声にはならなかった」のですか。声を出せなかった原因となったものを、比喩を使って表している部分を八字で抜き出しなさい。

❷ 「声にはならなかった」原因について説明した次の文の（　）に当てはまる言葉を後から選び、記号で答えなさい。

（ a ）と（ b ）の違い。

ア 考え方　イ 境遇　ウ 経験　エ 身分

点UP

(6) ――線⑥「兄弟の仲」とありますが、再会を果たした二人の関係はどのように変わったのですか。

出なかった。

　彼は突っ立ったままだった。④喜びと寂しさの色が顔に現れた。唇が動いたが、⑤声にはならなかった。最後に、うやうやしい態度に変わって、はっきりこう言った。

「旦那様！……。」

　私は身震いしたらしかった。悲しむべき厚い壁が、二人の間を隔ててしまったのを感じた。私は口がきけなかった。

　彼は後ろを向いて、「シュイション（水生）、旦那様にお辞儀しな。」と言って、彼の背に隠れていた子供を前へ出した。これぞまさしく三十年前のルントウであった。いくらか痩せて、顔色が悪く、銀の首輪もしていない違いはあるけれども。「これが五番目の子でございます。世間へ出さぬものですから、おどおどしておりまして……。」

　母とホンルが二階から下りてきた。話し声を聞きつけたのだろう。

「御隠居様、お手紙は早くにいただきました。全く、うれしくてたまりませんでした、旦那様がお帰りになると聞きまして……。」と、ルントウは言った。

「まあ、なんだってそんな他人行儀にするんだね。おまえたち、昔は⑥兄弟の仲じゃないか。昔のように、シュンちゃん、でいいんだよ。」

と、母はうれしそうに言った。

魯迅／竹内　好　訳「故郷」〈魯迅文集　第一巻〉より

2　——線のカタカナを漢字で書きなさい。

1 使用人をヤトう。
2 両親にデキアイされる。
3 ペンキをヌる。
4 ビンボウな生活が続く。

1	(1)	(2)	(3)	(4) 喜び	(4) 寂しさ	(5) 1	(5) 2 a	(5) 2 b	(6)	
	10点	10点	10点	各10点		10点	10点		10点	
2	1	2	3	4						各5点

成績評価の観点　思…思考・判断・表現

Step 2

故郷

20分

／100

目標 75点

❶ 文章を読んで、問いに答えなさい。思

▼教 110ページ1行～111ページ19行

私も、私の母も、①はっと胸をつかれた。そして、話がまたルントウのことに戻った。母はこう語った。例の豆腐屋小町《こまち》のヤンおばさんは、私の家で片づけが始まってから、毎日必ずやって来たが、おととい、灰の山から碗《わん》や皿を十個余り掘り出した。あれこれ議論の末、それは②ルントウが埋めておいたにちがいない、灰を運ぶとき、いっしょに持ち帰れるから、という結論になった。ヤンおばさんは、この発見を手柄顔に、「犬じらし」（これは私たちのところで鶏を飼うのに使う。木の板に柵を取り付けた道具で、中に食べ物を入れておくと、鶏は首を伸ばしてついばむことができるが、犬にはできないので、見てじれるだけである。）をつかんで飛ぶように走り去った。纏足《てんそく》用の底の高い靴で、よくもと思うほど速かったそうだ。

古い家はますます遠くなり、③故郷の山や水もますます遠くなる。だが名残《なごり》惜しい気はしない。自分の周りに目に見えぬ高い壁があって、その中に自分だけ取り残されたように、気がめいるだけである。すいか畑の銀の首輪の小英雄の面影は、元は鮮明このうえなかったのが、今では急にぼんやりしてしまった。これもたまらなく悲しい。

母とホンルとは寝入った。

私も横になって、船の底に水のぶつかる音を聞きながら、今、自分は、自分の道を歩いているとわかった。思えば私とルントウとの

(1) ――線①「はっと胸をつかれた」とありますが、なぜ胸をつかれたのですか。これについて説明した次の文の（　）に当てはまる言葉を抜き出しなさい。

今は（❶　）を通わせているホンルとシュイションだが、将来彼らも（❷　）してしまうのではないかと思ったから。

(2) ――線②「ルントウ」とありますが、昔のルントウを表現した言葉を十三字で探し、初めの五字を抜き出しなさい。

(3) ――線③「故郷の山や水もますます遠くなる」とありますが、このとき、「私」はどのような気持ちでしたか。次から一つ選び、記号で答えなさい。

ア 故郷を離れ、これから始まる新しい生活に心躍る気持ち。

イ いつか故郷に帰る日が来ることを心待ちにする気持ち。

ウ 故郷と自分との間に大きな隔たりを感じ、沈み込む気持ち。

(4) ――線④「若い世代」とありますが、「私」は「若い世代」にどのようなことを願っていますか。

点UP

(5) ――線⑤「私はどきっとした」とありますが、どういうことに気づいて「どきっとした」のですか。「偶像崇拝」という言葉を用いて、説明しなさい。

点UP

(6) ――線⑥「それは地上の道のようなものである」とありますが、「私」はそれ（希望）をどのようなものだと考えていますか。具体的に説明しなさい。

距離は全く遠くなったが、④若い世代は今でも心が通い合い、現にホンルはシュイションのことを慕っている。せめて彼らだけは、私と違って、互いに隔絶することのないように……とはいっても、彼らが一つ心でいたいがために、私のように、むだの積み重ねで魂をすり減らす生活を共にすることは願わない。また、ルントウのように、打ちひしがれて心が麻痺《ひ》する生活を共にすることも願わない。また、他の人のように、やけを起こして野放図に走る生活を共にすることも願わない。希望をいえば、彼らは新しい生活をもたなくてはならない。私たちの経験しなかった新しい生活を。

希望という考えが浮かんだので、⑤私はどきっとした。たしかルントウが香炉と燭台《しょくだい》を所望したとき、私は、相変わらずの偶像崇拝だな、いつになったら忘れるつもりかと、心ひそかに彼のことを笑ったものだが、今私のいう希望も、やはり手製の偶像にすぎぬのではないか。ただ、彼の望むものはすぐ手に入り、私の望むものは手に入りにくいだけだ。

まどろみかけた私の目に、海辺の広い緑の砂地が浮かんでくる。その上の紺碧《ぺき》の空には、金色《こんじき》の丸い月が懸かっている。思うに希望とは、もともとあるものともいえぬし、ないものともいえない。⑥それは地上の道のようなものである。もともと地上には道はない。歩く人が多くなれば、それが道になるのだ。

魯　迅／竹内　好　訳「故郷」〈魯迅文集　第一巻〉より

❷ ――線のカタカナを漢字で書きなさい。

❶ ダンナ様に仕える。
❷ 容器にツヤを出す。
❸ ヘイをよじのぼる。
❹ おダチンをあげる。

❶
(1) ❶ ❷ 各5点
(2) 10点
(3) 10点
(4) 10点
(5) 20点
(6) 20点

❷
❶ ❷ ❸ ❹ 各5点

成績評価の観点　思…思考・判断・表現

Step 2

言葉2 慣用句・ことわざ・故事成語
（故郷～言葉2）

20分

／100
目標 75点

1 ―部の漢字の読み仮名を書きなさい。

1 山の中の猿。
2 将棋《しょうぎ》の駒。
3 虎穴に入る。
4 呉と越の戦い。
5 蔑むような表情。
6 髪を結わえる。
7 ポケットの財布。
8 失敗を嘲る。
9 閑静な住宅地。
10 親戚の集まり。
11 突っ立った木。
12 先生を慕う。
13 寂しさを埋める。
14 隔てられた関係。
15 貝殻を拾う。

1

1	5	9	13
2	6	10	14
3	7	11	15
4	8	12	

各2点

2 カタカナを漢字に直しなさい。

1 体がマ痺《ひ》する。
2 作品をギンミする。
3 エンリョ深い人。
4 コン碧《ぺき》の空。
5 旅館のヤトい人。
6 ツヤのある顔。
7 犬をデキアイする。
8 チクショウと叫ぶ。
9 ヘイをよじのぼる。
10 薬をヌる。
11 ビンボウな生活。
12 ダチンを払う。
13 この家のダンナ様。
14 神をスウハイする。
15 経験がトボしい。

2

1	5	9	13
2	6	10	14
3	7	11	15
4	8	12	

各2点

❸ 慣用句・ことわざ・故事成語に関する次の問いに答えなさい。

(1) 次の（　）に当てはまる慣用句を後から選び、記号で答えなさい。

❶ 自分のことは（　）が、どっちもどっちだ。
❷ 忙しくて、（　）ほどだ。
❸ 首相の（　）のは、外務大臣だろう。

ア 猫の手も借りたい
イ 後釜にすわる
ウ 棚に上げる

(2) 次の（　）に体の部位を表す漢字を入れて、慣用句を完成させなさい。

❶ 大きな仕事が終わり、ようやく（　）の荷が下りた。
❷ 料理の（　）が上がったので、友だちにごちそうした。
❸ 弟は、（　）から（　）に抜けるほど頭がいい。
❹ 同じ話を何度も聞かされて、（　）にたこができた。
❺ この商品は高すぎて（　）も（　）も出ない。

(3) 次のことわざの意味を後から選び、記号で答えなさい。

❶ 天に唾する
❷ 三つ子の魂百まで
❸ 覆水盆に返らず

ア 幼児の頃の性格は、年をとっても変わらない。
イ 人に害を与えようとすると、かえって自分の害になる。
ウ 一度してしまったことは、取り返しがつかない。

(4) 次の故事成語の意味を後から選び、記号で答えなさい。

❶ 推敲《すいこう》
❷ 温故知新
❸ 蛇足
❹ 杞憂《きゆう》
❺ 呉越同舟

ア 取り越し苦労。不要な心配。
イ 仲の悪い者が同じ場所に居合わせること。
ウ 余分な付け足し。
エ 詩文の字句を練ってより良いものにすること。
オ 昔の事柄について学ぶことから新しい知識を得ること。

❸

(1) 各3点	(2) 各2点	(3) 各2点	(4) 各3点
❶	❶	❶	❶
❷	❷	❷	❷
❸	❸	❸	❸
	❹		❹
	❺		❺

テストに出る

●**ことわざ**……古くから言いならわされてきた生活の知恵や教訓。
●**慣用句**……二つ以上の言葉が結びついて特別な意味を表すもの。
●**故事成語**……中国の古典に由来して作られた言葉。

Step 2

漢字2 漢字の造語力
（故郷〜漢字に親しもう3）

20分
／100
目標 75点

1 ――部の漢字の読み仮名を書きなさい。

1 相手を侮辱する。
2 凡庸な人物。
3 外出を自粛する。
4 実子を扶養する。
5 恣意的な行動。
6 羞恥心を隠す。
7 猶予を与える。
8 本国に隷属する。
9 しきりに憤慨する。
10 役員を罷免する。
11 収益が漸増する。
12 辛辣な一言。
13 質実剛健な人。
14 葛藤に苦しむ。
15 憂鬱な暮らし。

1			
1	5	9	13
2	6	10	14
3	7	11	15
4	8	12	

各2点

2 ――カタカナを漢字に直しなさい。

1 フヘン的な話。
2 ケイヤクを結ぶ。
3 社長のレイジョウ。
4 犯人をタイホする。
5 ショミンの生活。
6 体力のショウモウ。
7 学生リョウに入る。
8 テキギ対応する。
9 生徒をホめる。
10 テンプの才能。
11 書類をハイキする。
12 キュウケイをとる。
13 敵をチンアツする。
14 苦手のコクフク。
15 事実をジョジュツする。

2			
1	5	9	13
2	6	10	14
3	7	11	15
4	8	12	

各2点

❸ 漢字に関する、次の問いに答えなさい。

(1) 次の省略された熟語の、元の語を書きなさい。

❶ 国体　❷ 原発
❸ 高裁　❹ 特急
❺ 模試　❻ 短大
❼ 衆院選　❽ 国交省

(2) 次の熟語の構成を考え、例にならって分解しなさい。

例 消費期限→消費／期限

❶ 政令指定都市　❷ 国家安全保障会議
❸ 北大西洋条約機構

(3) 次の熟語の類義語を後から選び、記号で答えなさい。

❶ 情趣　❷ 干渉
❸ 反目　❹ 病状
❺ 形見　❻ 敬服

ア 容態　イ 対立　ウ 感心
エ 介入　オ 遺品　カ 風情《ふぜい》

(4) 次の熟語の対義語になるように、□に当てはまる漢字を書きなさい。

❶ 専業 ↔ □業　❷ 不遜 ↔ □遜
❸ 弔辞 ↔ □辞　❹ 加害 ↔ □害
❺ 野党 ↔ □党　❻ 敏感 ↔ □感

(5) 四字熟語になるように、（　）に合う言葉を後から選び、記号で答えなさい。

❶（　）即発　❷ 勧善（　）
❸（　）動地　❹ 起死（　）
❺ 和洋（　）　❻（　）自若《じゃく》

ア 懲悪　イ 一触　ウ 驚天
エ 回生　オ 折衷　カ 泰然

❸

(1)				(2)			(3)	(4)	(5)
❶	❸	❺	❼	❶	❷	❸	❶	❶	❶
❷	❹	❻	❽				❷	❷	❷
							❸	❸	❸
							❹	❹	❹
							❺	❺	❺
							❻	❻	❻
			各2点			各2点	各1点	各1点	各1点

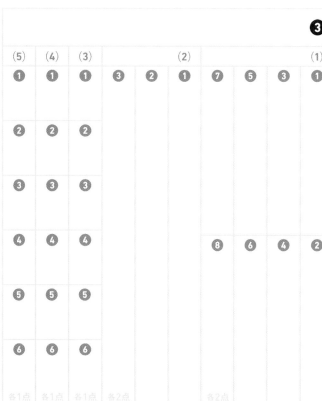

Step 1

人工知能との未来

15分

❶ 文章を読んで、問いに答えなさい。

▼教125ページ上3行~125ページ下17行

膨大なデータと強大な計算力で最適解を導き出す人工知能。それに対し人間は、経験からつちかった「美意識」を働かせて物事を判断しているといえます。人工知能が社会のあらゆる場面で①意思決定に関与するようになれば、人間の「美意識」にはとても受け入れがたい判断をすることもあるでしょう。また、将棋ソフトの評価値が実はそうであるように、人工知能の判断が常に絶対的に正しいわけでもありません。つまり、私たち人間は、どこまで評価値の判断を参考にするかまで含めて、選択肢を考えていくことが必要になります。そして、②このような判断力は、普段から自分で考えることでしか、養われないのです。

人工知能が浸透する社会であっても、むしろそのような社会だからこそ、私たちは今後も自分で思考し、判断していく必要があるといえます。人工知能への違和感や不安を拭い去るのは難しいことですが、③このような社会の到来が避けられない以上、人工知能をいわば「仮想敵」のように位置づけてリスクを危惧するより、今後どのように対応するかを考えていくほうが現実的ではないでしょうか。

さらにいえば、④人工知能は、うまく活用すれば人間にとって大きな力となるはずです。将棋ソフトは人間が考えもしない手を指すと述べましたが、それは、自分の視座が変わるような見方を教えてく

(1) ――線①「意思決定」とありますが、人工知能と人間は、それぞれ何に基づいて意思決定をするのですか。十字以上十五字以内で探し、始めと終わりの四字をそれぞれ抜き出しなさい。

人工知能 □□□□ ~ □□□□

人間 □□□□ ~ □□□□

(2) ――線②「このような判断力」とありますが、どのような力ですか。次から一つ選び、記号で答えなさい。

ア 膨大なデータを活用して計算して、正しく評価していく力。

イ 評価値を参考にしながら、必要に応じて選択肢を考える力。

ウ 人工知能の評価値を全面的に信頼して、判断を委ねる力。

(3) ――線③「このような社会」とありますが、どのような社会のことですか。十一字で探し、初めの六字を抜き出しなさい。

□□□□□□

(4) ――線④「人工知能は……力となる」とありますが、筆者はどのような発想をもつとよいと述べていますか。三十字以内で探し、初めと終わりの五字をそれぞれ抜き出しなさい。

れるということでもあります。「自分はこう思うが、人工知能はどう判断するのか。」と、あくまで⑤セカンドオピニオンとして人工知能を使っていく道もあるでしょう。また、人工知能が出した結論を基に、それが導き出された過程を分析し、自分の思考の幅を広げていく道もあるはずです。人工知能に全ての判断を委ねるのではなく、人工知能から新たな思考やものの見方をつむいでいこうとする発想のほうが、より建設的だと思います。

実際、将棋界では既に、人工知能が提示したアイデアを参考に新しい手が生み出されたり、そこから将棋の技術が進歩したりするケースが多く起こっています。人工知能によって人間の「美意識」そのものが変わっている顕著な事例だといえるでしょう。人工知能が学習するいっぽうで、人間の側も人工知能から学ぶ。⑥人間と人工知能が共に生きる時代の、新しい関係がそこにあるように思います。

羽生　善治「人工知能との未来」より

(5) ――線⑤「セカンドオピニオンとして……使っていく」とありますが、これはどうすることですか。これについて説明した次の文の（　）に当てはまる言葉を抜き出しなさい。

～

自分の考えとは別に、人工知能なら（　）を尋ねること。

(6) ――線⑥「人間と人工知能が共に生きる時代の、新しい関係」とありますが、これはどのようなものですか。次から一つ選び、記号で答えなさい。

ア　人間が人工知能に負けないように、自身の能力を引き上げようとする関係。

イ　人工知能が得意としていることを人間がうまく利用し、共に進歩していく関係。

ウ　人工知能が人間に取って代わり、人間の仕事の多くを任せられる関係。

（　）

ヒント

(1) 前の部分に注目しよう。「……人工知能。それに対し人間は……」と両者を対比させて述べている。

(5) 「セカンドオピニオン」とは、別の意見のことだよ。

人工知能をどのように活用するのが「建設的」なのかな。

Step 1

人間と人工知能と創造性

15分

❶ 文章を読んで、問いに答えなさい。

▼㊎126ページ下10行〜127ページ下20行

①コンピュータに小説を書かせる研究を進めてきて、わかってきたことがある。

創造性は新しいことを思いつく能力だと書いたが、今までにないことを思いつくだけであれば、むしろコンピュータのほうが人間よりも得意である。我々の研究によれば、コンピュータは一時間に十万作の小説を書くことが可能だ。どれも似たり寄ったりの内容だ（しかも、まだあまりおもしろくない）が、表面上は異なる作品である。人間の作家は、いくら速くてもこんなペースで作品を作ることはできない。

また人間の思いつきは、自由に発想しようとしてもどうしても偏りが出る。もっている知識やそれまでの経験に影響を受けてしまうのだ。その点、コンピュータは偏りのないものをたくさん生み出すことが得意である。例えば数字をばらばらに書いていくという作業をさせると、②人間は偏りが生じて同じパターンに陥ってしまうが、コンピュータは各数字が等しい出現頻度になるように書き続けることができる。

いっぽうで、コンピュータにとって難しいのは、③たくさんの作品の中から優れたものを選ぶことである。人間の創造性について考えてみよう。多くの場合、新しく思いつくことのほとんどは使いもの

(1) ——線①「コンピュータに小説を書かせる研究」とありますが、この結果わかったことを次から一つ選び、記号で答えなさい。

ア　コンピュータには創造性がなく、似たりよったりの偏った小説しか書くことができない。

イ　コンピュータにも創造性があって小説が書けるが、おもしろくない上に書くのに時間がかかる。

ウ　コンピュータにも創造性があり、異なった発想の小説を偏りなく生み出すことができる。

（　）

(2) ——線②「人間は偏りが生じて同じパターンに陥ってしまう」とありますが、それはなぜですか。「……から。」に続く形で二十五字で探し、初めの四字を抜き出しなさい。

(3) ——線③「たくさんの作品の中から優れたものを選ぶこと」とありますが、これを言いかえた言葉を漢字二字で抜き出しなさい。

(4) ——線④「人間と人工知能が協力して創作する」とありますが、小説を書く場合においては、どのようにすればよいですか。次から一つ選び、記号で答えなさい。

にならない。新しいつもりでも誰かが既にやっていたことであったり、全く意味のないことであったりする。人間はそれらの中から見込みがありそうなものだけを、おそらくは無意識のうちに選んでいるのである。たくさんの候補の中から見込みのありそうなものだけを選び出す作業のことを「評価」とよぶことにする。人間のすばらしい創造性は、この評価の部分に基づいている。何をよいとするか、おもしろいとはどういうことか。コンピュータにはこの評価が難しいのである。

ここに、人間と人工知能の関係の中で人間が果たすべき役割を考えるヒントがあると思う。人間とコンピュータは得意なことが異なる。したがって、それぞれが得意なことを分担し、共同して物事に当たるのがよい。例えば、創造的な活動においても、コンピュータがアイデアをたくさん出し、人間がそれらを評価して具体的な完成品にしていくのが、（限られた時間内に一定水準以上のものを作るという意味では）生産性が高くなるはずである。また、④人間と人工知能が協力して創作することで、新しい価値を生み出すこともできるかもしれない。

⑤人工知能はこれからも進歩していく。しかし、コンピュータが苦手とし、人間のほうが得意とすることは依然として残り続ける。コンピュータはよりたくさんの候補を作れるようになっていくだろう。だから人間も、これまで以上に評価の能力を伸ばさないといけない。評価を適切にこなすためには、さまざまな経験を積んでバランスの取れた知識をもち、何がよくて何が悪いかの判断力を養うことが大切だ。それが、これからの時代に必要な力である。

松原　仁「人間と人工知能と創造性」より

ア　コンピュータが小説のアイデアを多く出し、人間がその中からおもしろそうなものを選んで完成させる。

イ　人間が本当におもしろい小説のアイデアを考え、コンピュータがそれを実際に書いて完成させる。

ウ　コンピュータと人間がお互いに小説のアイデアを出し合い、協力しておもしろいものを選び出す。

(5)　――線⑤「人工知能はこれからも進歩していく」とありますが、これに対して人間は何をすることが大切ですか。具体的に述べた部分を四十五字以内で探し、初めと終わりの四字をそれぞれ抜き出しなさい。

□□□□ ～ □□□□

ヒント

(1)　人間とコンピュータの「創造性」は、得意なこと、苦手なことが異なっていることに着目する。

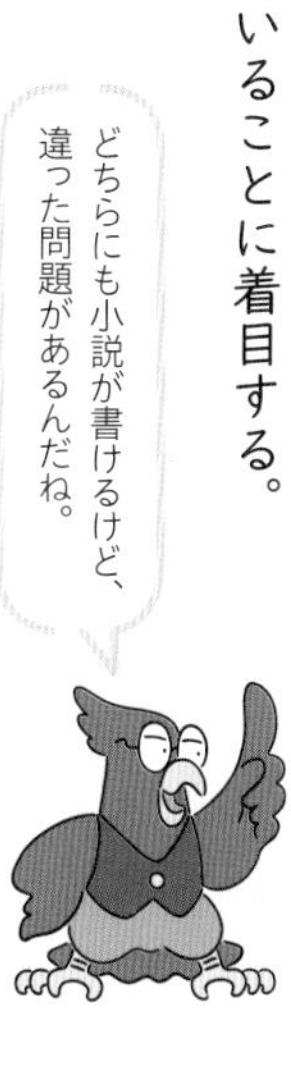
どちらにも小説が書けるけど、違った問題があるんだね。

(4)　それぞれの得意なものをふまえて考える。小説も、前で述べた「創造的な活動」に含まれている。

Step 2

人工知能との未来／人間と人工知能と創造性

20分

／100
目標 75点

❶ 文章を読んで、問いに答えなさい。思

▼教 125ページ上14行～125ページ下10行、127ページ上12行～127ページ下12行

A 人工知能が浸透する社会であっても、①むしろそのような社会だからこそ、私たちは今後も自分で思考し、判断していく必要があるといえます。人工知能への違和感や不安を拭い去るのは難しいことですが、このような社会の到来が避けられない以上、人工知能をいわば「仮想敵」のように位置づけてリスクを危惧するより、今後どのように対応するかを考えていくほうが現実的ではないでしょうか。

さらにいえば、人工知能は、②うまく活用すれば人間にとって大きな力となるはずです。将棋ソフトは人間が考えもしない手を指すと述べましたが、それは、自分の視座が変わるような見方を教えてくれるということでもあります。「自分はこう思うが、人工知能はどう判断するのか。」と、あくまでセカンドオピニオンとして人工知能を使っていく道もあるでしょう。また、人工知能が出した結論を基に、それが導き出された過程を分析し、自分の思考の幅を広げていく道もあるはずです。人工知能に全ての判断を委ねるのではなく、人工知能から新たな思考やものの見方をつむいでいこうとする発想のほうが、より建設的だと思います。

羽生　善治「人工知能との未来」より

点UP

(1) ――線①「むしろそのような社会だからこそ……判断していく必要がある」とありますが、筆者がこのように考えるのはなぜですか。

(2) ――線②「うまく活用すれば」とありますが、Aの文章の筆者は人工知能を活用することで、何が得られると述べていましたか。三つに分けて書きなさい。

(3) ――線③「コンピュータにはこの評価が難しい」とありますが、それはなぜですか。

(4) ――線④「人間とコンピュータは得意なことが異なる」とありますが、Bの文章ではコンピュータの得意なことの例としてどのようなことが挙げられていましたか。

(5) A・Bの文章で共通している意見を、次から一つ選び、記号で答えなさい。

ア　人工知能の得意なことを、うまく活用していくべきだ。
イ　人工知能には、自分で判断や評価をすることはできない。
ウ　人工知能に頼るのは危険だということを忘れてはならない。

点UP

(6) A・Bの文章では、人工知能を活用していくことで、どのようなことが実現できると述べていますか。それぞれ簡潔に説明しなさい。

B　いっぽうで、コンピュータにとって難しいのは、たくさんの作品の中から優れたものを選ぶことである。人間の創造性について考えてみよう。多くの場合、新しく思いつくことのほとんどは使いものにならない。新しいつもりでも誰かが既にやっていたことであったり、全く意味のないことであったりする。人間はそれらの中から見込みがありそうなものを、おそらくは無意識のうちに選んでいるのである。たくさんの候補の中から見込みのありそうなものだけを選び出す作業のことを「評価」とよぶことにする。人間のすばらしい創造性は、この評価の部分に基づいている。何をよいとするか、おもしろいとはどういうことか。③コンピュータにはこの評価が難しいのである。

　ここに、人間と人工知能の関係の中で人間が果たすべき役割を考えるヒントがあると思う。④人間とコンピュータは得意なことが異なる。したがって、それぞれが得意なことを分担し、共同して物事に当たるのがよい。例えば、創造的な活動においても、コンピュータがアイデアをたくさん出し、人間がそれらを評価して具体的な完成品にしていくのが、(限られた時間内に一定水準以上のものを作るという意味では)生産性が高くなるはずである。また、人間と人工知能が協力して創作することで、新しい価値を生み出すこともできるかもしれない。

松原　仁「人間と人工知能と創造性」より

❷ ――線のカタカナを漢字で書きなさい。

❶ 自然のカンキョウ。　❷ ボウダイなデータ。
❸ 広いハンイを探す。　❹ エイキョウを受ける。

❶								❷	
(1)	(2) ・ ・ ・	(3)	(4)	(5)	(6) A	B	❶	❸
								❷	❹

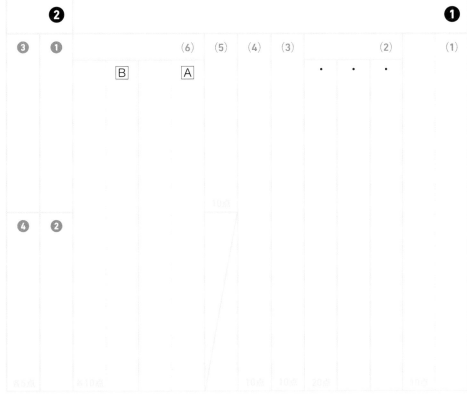

Step 2

初恋

20分

／100

目標 75点

❶ 詩を読んで、問いに答えなさい。思

▼教 140ページ1行～141ページ8行

初恋　島崎《しまざき》 藤村《とうそん》

まだあげ初《そ》めし前髪の
林檎《りんご》のもとに見えしとき
前にさしたる花櫛《はなぐし》の
花ある君と思ひけり

やさしく白き手をのべて
林檎をわれにあたへしは
薄紅《うすくれなゐ》の秋の実に
人こひ初めしはじめなり

わがこころなきためいきの
その髪の毛にかかるとき
たのしき恋の盃《さかづき》を
君が情《なさけ》に酌《く》みしかな

林檎畠《ばたけ》の樹《こ》の下《した》に
おのづからなる細道は

(1) この詩の種類を次から一つ選び、記号で答えなさい。
ア 口語自由詩　イ 口語定型詩
ウ 文語自由詩　エ 文語定型詩

(2) 第一連では、何が描かれていますか。「二人」という言葉を用いて、簡潔に書きなさい。

(3) 5行目「やさしく白き手をのべて」とありますが、「手をのべ」たのは誰ですか。詩の中の言葉で答えなさい。

(4) 14行目「細道」とありますが、「細道」はなぜできたのですか。次から一つ選び、記号で答えなさい。
ア 農家の人が林檎の世話や収穫のために行き来したから。
イ 「われ」と「君」が会うために、何度も通ったから。
ウ 子供たちが、よく林檎畠の中を通り抜けたから。

(5) 16行目「問ひたまふこそこひしけれ」とありますが、なぜこのように感じたのですか。

(6) 詩の中に「君」が発した言葉がありますが、それはどの部分ですか。初めと終わりの四字を抜き出しなさい。

(7) 「君」に対する「われ」の思いが受け入れられ、恋が成就したことがわかる部分を、詩の中から連続した二行で探し、行番号で答えなさい。

(8) この詩で表現されているのはどのようなことですか。考えて書きなさい。

誰《た》が踏みそめしかたみぞと
問ひたまふこそこひしけれ

島崎　藤村「初恋」〈藤村全集　第一巻〉より

❷ ――線のカタカナを漢字で書きなさい。

① 声がヒビく。　② ハツコイの相手。
③ 短いマエガミ。　④ ダレかの声がする。

❶ (1)	❶ (2)	❶ (3)	❶ (4)	❶ (5)	❶ (6)	❶ (7)	❶ (8)	❷ ①	❷ ②	❷ ③	❷ ④
5点	10点	5点	10点	15点	～ 10点	10点	15点	各5点			

Step 1

和歌の世界／古今《こきん》和歌集　仮名序

15分

❶ 文章を読んで、問いに答えなさい。

▼㊩146ページ下1行～147ページ下13行

古今和歌集　仮名序

やまとうたは、人の心を種として、
a よろづの言《こと》の葉とぞなれりける。
世の中にある人、ことわざ繁《しげ》きものなれば、
心に思ふことを、
見るもの、聞くものにつけて、言ひ出《いだ》せるなり。
花に鳴く鶯《うぐひす》、水にすむ蛙《かはづ》の声を聞けば、
① 生きとし生けるもの、
② いづれか歌をよまざりける。
力をも入れずして、天地《あめつち》を動かし、
目に見えぬ鬼神《おにがみ》をも、b あはれと思はせ、
男女《をとこをんな》のなかをも和らげ、
猛《たけ》き武士《もののふ》の心をも、慰《なぐさ》むるは歌なり。

やまとうたは、人の心を種として、（そこから芽生えて）種々さまざまの葉になったものだ。この世の中に生きている人々は、さまざまな出来事に関わっているので、心に思うことを、見るもの、聞くものに託して、言い表したのである。花の間に鳴く鶯、清流にすむ河鹿《かじか》の声を聞くと、生きている全てのものの、どれが歌を詠《よ》まな

❶ (1) 古今和歌集の「仮名序」について、問いに答えなさい。
誰によって書かれましたか。筆者名を漢字で書きなさい。

（　　　）

❷ この文章で、「種」「葉」にたとえられているのは何ですか。それぞれ古文中から抜き出しなさい。

種…

葉…

(2) ══線a「よろづ」、b「あはれ」を現代仮名遣いに直し、すべて平仮名で書きなさい。

a（　　　）　b（　　　）

(3) ──線①「生きとし生けるもの」とありますが、この例として、どのようなものが挙げられていますか。漢字一字で二つ抜き出しなさい。

（　　）（　　）

(4) ──線②「いづれか歌をよまざりける」とありますが、筆者はどのようなことを言おうとしているのですか。次から一つ選び、

いといえるだろうか。力ひとつ入れずに天地の神々の心を動かし、目に見えないもろもろの精霊たちをしみじみとさせ、男女の仲を親しいものとし、勇猛な武人の心をも、和らげるのが歌なのである。

「古今和歌集　仮名序」〈古今和歌集〉より

記号で答えなさい。

ア　生きていても、歌を詠まないものもいるのだ。

イ　生き物で歌を詠まないものはどれ（何）かを知りたい。

ウ　生きているものなら、みんな歌を詠むのだ。

(5) 筆者は、歌にはどのような効用があると述べていますか。現代語訳の部分の言葉を使って、四つ書きなさい。

効用。

効用。

効用。

効用。

ヒント

(1) 「古今和歌集」の冒頭に置かれた文章だよ。「和歌」とはどのようなものであるのかが、編集の中心となった人物によって述べられている。

(5) 最後の部分で、歌にどんな力があるのかが列挙されている。

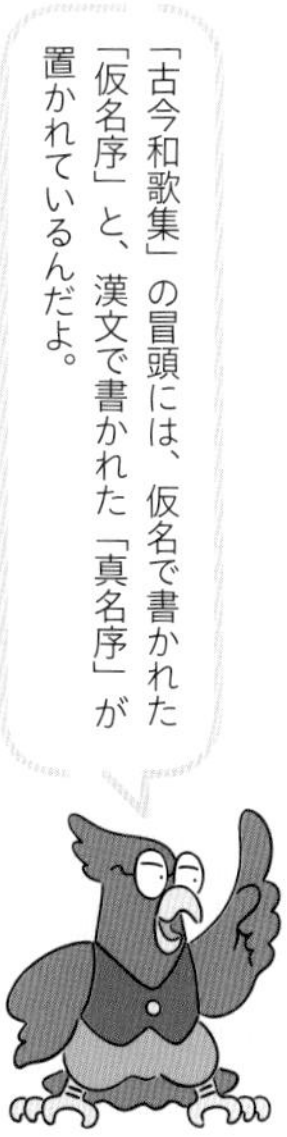
「古今和歌集」の冒頭には、仮名で書かれた「仮名序」と、漢文で書かれた「真名序」が置かれているんだよ。

Step 1

君待つと——万葉・古今《こきん》・新古今

15分

❶ 和歌を読んで、問いに答えなさい。

▼教 148ページ8行〜152ページ3行

万葉集

君待つと我《あ》が恋《こ》ひ居《を》れば我《わ》が屋戸《やど》のすだれ動かし秋の風吹く
額田王《ぬかたのおほきみ》…A

天地《あめつち》の　分かれし時ゆ　神《かむ》さびて　高く貴《たふと》き　駿河《するが》なる
富士の高嶺《たかね》を　天《あま》の原　振り放《さ》け見れば　渡る日の　影も隠らひ
照る月の　光も見えず　白雲《しらくも》も　い行《ゆ》きはばかり　時じくそ
雪は降りける　語り継ぎ　言ひ継ぎ行かむ　富士の高嶺は
山部赤人《やまべのあかひと》…B

反歌《はんか》
田子《たご》の浦《うら》ゆうち出《い》でて見れば真白《ましろ》にそ富士の高嶺に雪は降りける

憶良らは今は罷《まか》らむ子泣くらむそれその母も我《わ》を待つらむそ
山上憶良《やまのうへのおくら》…C

(1) Aの和歌に、「すだれ動かし」とありますが、❶作者はすだれを動かしたのは何だと思いましたか。また、❷実際には何だったのですか。それぞれ和歌の中から抜き出しなさい。

❶

❷

(2) Bの和歌について、答えなさい。

❶ この和歌の主題を次から一つ選び、記号で答えなさい。

ア 富士の高嶺の神々しさ　イ 富士の高嶺の歴史

ウ 富士の高嶺へ行きたいという思い

❷ 反歌では、「そ」があるために和歌の最後が「けり」ではなく「ける」に変わっています。このようなきまりを何といいますか。

(3) Cの和歌は、どのような状況で詠まれたものですか。次から一つ選び、記号で答えなさい。

ア 旅の途中にあり、故郷に住む子供たちのことを思っている。

イ 仕事がなかなか終わらず、子供に会えないのを悲しんでいる。

ウ 子供たちが待っているため、宴席から退出しようとしている。

父母が頭《かしら》かき撫《な》で幸《さ》くあれて言ひし言葉《けとば》ぜ忘れかねつる
防人歌《さきもりのうた》…D

古今和歌集
人はいさ心も知らずふるさとは花ぞ昔の香ににほひける
紀貫之《きのつらゆき》…E

新古今和歌集
道の辺に清水流るる柳かげしばしとてこそ立ちどまりつれ
西行法師《さいぎやうほふし》…F

「君待つと――万葉・古今・新古今」より

(4) Dの和歌で、父母が「幸くあれ（無事でいるように）」と言ったのはなぜですか。次から一つ選び、記号で答えなさい。
ア　病気の息子が、早くよくなるように願っているから。
イ　息子が任地で、出世するかもしれないから。
ウ　これから任地へ向かう息子のことを心配したから。

(5) Eの和歌が表現していることを次から一つ選び、記号で答えなさい。
ア　誰も思い出さなくても、花は昔と同じように香っている。
イ　人の心はわからないが、花は昔と同じように香っている。
ウ　花が香るふるさとで、あの人はどうしているだろう。

(6) Fの和歌で、作者はどこで「立ちどま」ったのですか。和歌の中から三字で抜き出しなさい。

ヒント

(1) 作者が、いとしい人が来るのを今か今かと待っていたことに注目しよう。そんなとき、すだれが動いたんだね。

(3) 作者は、子供が泣いているし、その母も自分を待っているから、「罷らむ」と言っているんだね。

(5) 「人」と「花」を対比していることに着目しよう。

Step 2

君待つと——万葉・古今《こきん》・新古今

20分

/100

目標 75点

1 和歌を読んで、問いに答えなさい。思

▼教 148ページ1行〜152ページ10行

万葉集

春過ぎて夏来《きた》るらし白たへの衣干したり天《あめ》の香具《かぐ》山
持統《ぢとう》天皇……A

東《ひむがし》の野に炎《かぎろひ》の立つ見えてかへり見すれば月傾《かたぶ》きぬ
柿本人麻呂《かきのもとのひとまろ》…B

多摩《たま》川にさらす手作りさらさらに何そこの児《こ》のここだ愛《かな》しき
東歌《あづまうた》…C

新《あら》しき年の初めの初春の今日降る雪のいやしけ吉事《よごと》
大伴家持《おおとものやかもち》…D

古今和歌集

秋来《き》ぬと目にはさやかに見えねども風の音にぞおどろかれぬる
藤原敏行《ふぢはらのとしゆき》…E

(1) A〜Hの和歌から、体言止めの和歌をすべて選び、記号で答えなさい。

(2) Aの和歌に、「夏来るらし」とありますが、なぜこう思ったのですか。次から一つ選び、記号で答えなさい。
ア 天の香具山に白く雲がかかる様子がはっきり見えたから。
イ 天の香具山に、真っ白な衣が干してあるのを見たから。
ウ 天の香具山に、真っ白な衣を着た人がいたから。

(3) Cの和歌から、序詞《じょことば》を抜き出しなさい。

点UP

(4) Eの和歌の、「おどろかれぬる」の意味を、何に「おどろかれ」たのかがわかるように書きなさい。

(5) E・Fの和歌から、係りの助詞とその結びをそれぞれ抜き出しなさい。

(6) A〜Gの和歌から、次の説明に当たるものをそれぞれ選び、記号で答えなさい。
1 夢で好きな人に会えた、覚めなければよかったのにという切ない恋心を歌っている。
2 日の出と沈む月を同時に詠んだ、スケールの大きな歌である。

点UP

(7) Hの和歌で、「絶えなば絶えね（命が絶えてしまうのなら絶えてしまえ）」と作者が詠んでいるのはなぜですか。作者の心情を説明しなさい。

思ひつつ寝《ぬ》ればや人の見えつらむ夢と知りせば覚めざらましを
小野《をのの》小町《こまち》……F

新古今和歌集

見わたせば花も紅葉《もみぢ》もなかりけり浦の苫屋《とまや》の秋の夕暮《ゆふぐれ》
藤原定家《ふぢはらのさだいへ》……G

玉の緒よ絶えなば絶えねながらへば忍ぶることの弱りもぞする
式子《しよくし》内親王……H

「君待つと――万葉・古今・新古今」より

❷ ――線のカタカナを漢字で書きなさい。

❶ コイしく思う。
❷ 秋風がフく。
❸ 月が雲にカクれる。
❹ ヤナギの枝が垂れる。

❶								
(1)	(2)	(3)	(4)	(5)		(6)	(7)	
				E 助詞　結び	❶			
				F 助詞　結び	❷			
完答5点	5点	5点	10点	各5点	各10点		15点	

❷	
❶	❸
❷	❹
	各5点

成績評価の観点　思…思考・判断・表現

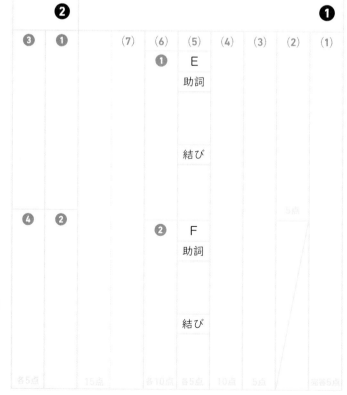

Step 1

夏草――「おくのほそ道」から

15分

1 文章を読んで、問いに答えなさい。

▼教154ページ上1行～155ページ上10行

月日は①百代《はくたい》の過客《くわかく》にして、行きかふ年もまた旅人なり。②舟の上に生涯を浮かべ、③馬の口とらへて老いを迎ふる者は、日々旅にして旅をすみかとす。古人も多く旅に死せるあり。予もいづれの年よりか、片雲の風にさそはれて、漂泊の思ひやまず、海浜にさすらへて、去《こ》年の秋、江上《かうしやう》の破屋に蜘蛛《くも》の古巣をはらひて、やや年も暮れ、春立てる霞《かすみ》の空に、④白河《しらかは》の関越えむと、そぞろ神の物につきて心をくるはせ、⑤道祖神《だうそじん》の招きにあひて、取るもの手につかず、股引《ももひき》の破れをつづり、笠《かさ》の緒付けかへて、三里に灸《きう》すゆるより、松島《まつしま》の月まづ心にかかりて、住めるかたは人に譲りて、杉風《さんぷう》が別墅《べつしよ》に移るに、

草の戸も住み替はる代ぞ雛《ひな》の家

面《おも》八句を庵《あん》の柱に懸け置く。

【現代語訳】

月日は（ A ）の（ B ）で、過ぎ去ってはまたやってくる年も、また旅人のようなものである。船の上で一生を暮らす者や、馬の手綱を引いて老いを迎える者は、毎日が旅であり、旅をすみかとして

(1) ――線①「百代の過客」とありますが、これの意味になるように、現代語訳の（ A ）・（ B ）に入る言葉を書きなさい。

A（　　　）
B（　　　）

(2) ――線②「舟の上に……浮かべ」、③「馬の口……迎ふる者」とありますが、どんな職業の人のことですか。それぞれ漢字二字で書きなさい。

②
③

(3) ――線④「白河の関越えむ」とありますが、このように思うもとになっているのはどのような気持ちですか。古文中から五字で抜き出しなさい。

(4) ――線⑤「道祖神の招きにあひて」と対句になっている部分を、古文中から抜き出しなさい。

（　　　）

(5) 作者が具体的に旅の支度を始めた様子を描写している部分を「……様子。」に続く形で現代語訳の中から探し、始めと終わりの四字を抜き出しなさい。

～　様子。

いる。昔の中国の詩人たちにも、旅の途中で死んでいった者が多くいた。私もいつの頃からか、ちぎれ雲のように風に誘われて、放浪の旅をしたいという思いが抑えられなくなり、海岸をさすらい、去年の秋、隅田川《すみだがわ》のほとりのあばら屋に蜘蛛の巣を払って住んでいると、しだいに年も暮れ、春霞の空の下で白河の関を越えたいものだと、落ち着かなくなり、道祖神に招かれて、何も手につかなくなって落ち着かず、股引の破れたところを繕い、笠のひもを付け替えて、三里に灸を据えると、松島の月がまず気になって、住んでいた家は人に譲って、門人の杉風の別荘に移ると、

　草の戸も住み替はる代ぞ雛の家

面八句を、庵の柱に掛けておいた。

松尾　芭蕉「夏草――「おくのほそ道」から」より

---

(6)「草の戸も……」の俳句について、問いに答えなさい。

❶ この句から季語を抜き出し、季節を答えなさい。

季語（　　　）　季節（　　　）

❷ ❶と同じ季節の様子が描写されている部分を、古文中から七字で抜き出しなさい。

□□□□□□□

❸ この俳句の解釈として適切なものを次から一つ選び、記号で答えなさい。

ア 主人である自分が旅に出てしまえば、これから家は朽ち果てていくのだろうと悲しんでいる。

イ 自分の粗末な家に新しい家族が住み、華やかな雛が飾られるのかと時の流れを感じている。

ウ 自分はこの家に戻ることはもうないだろうから、せめて雛を飾ってほしいと願っている。

（　　　）

ヒント

(5) 春霞の季節になるといよいよ旅に出たいという気持ちが抑えられなくなり、旅支度を始めているんだね。

(6) ❸「草の戸」は、粗末な家のこと。自分が住んでいたときとは違って、今は華やかな雛を飾るような別の人たちが住んでいるんだね。

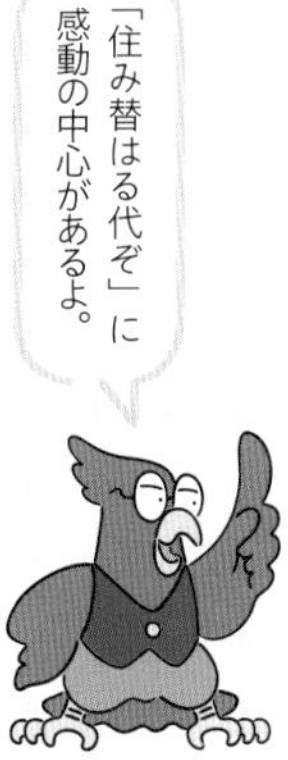

Step 2

夏草――「おくのほそ道」から

20分

/100

目標 75点

❶ 文章を読んで、問いに答えなさい。思

▼教 158ページ2行～159ページ8行

①三代の栄耀《ええう》一睡のうちにして、大門《だいもん》の跡は一里こなたにあり。秀衡《ひでひら》が跡は田野《でんや》になりて、金鶏山《きんけいざん》のみ形を残す。まづ、高館《たかだち》に登れば、北上川《きたかみ》南部より流るる大河なり。衣川《ころも》は、和泉《いづみ》が城《じやう》をめぐりて、高館の下にて大河に落ち入る。泰衡《やすひら》らが旧跡は、衣《ころも》が関《せき》を隔てて南部口をさし固め、夷《えぞ》を防ぐと見えたり。さても義臣すぐってこの城に籠もり、功名一時の草むらとなる。②「国破れて山河あり、城春にして草青みたり」と笠打ち敷きて、時のうつるまで③涙を落としはべりぬ。

夏草や兵《つはもの》どもが夢の跡

卯《う》の花に兼房《かねふさ》見ゆる白毛《しらが》かな　　曾良《そら》

点UP

(1) ――線①「三代の栄耀一睡のうちにして」の「三代」とは奥州藤原氏の三代のことですが、ここでは藤原氏がどうなったことを言っているのですか。説明しなさい。

(2) ――線②「国破れて……青みたり」とありますが、この一節について説明した次の文の（　）に当てはまる言葉を答えなさい。

（❶）は戦乱のために（❷）されてしまったが、草木などの（❸）は以前のまま（❹）いる。

(3) ――線③「涙を落としはべりぬ」とありますが、それはなぜですか。簡潔に説明しなさい。

(4) 「夏草や……」の句から、切れ字を抜き出しなさい。

(5) 「卯の花に……」の句について、答えなさい。

❶ 季語とその季節を答えなさい。

❷ 曾良は卯の花を見て何を連想したのですか。俳句の中の言葉を用いて五字で答えなさい。

(6) ――線④「かねて耳驚かしたる」を、現代語に直して書きなさい。

(7) ――線⑤「金の柱霜雪に朽ちて」と対句になっている部分を抜き出しなさい。

点UP

(8) 「五月雨の……」の句には、作者のどのような思いが込められていますか。「雨」という言葉を用いて説明しなさい。

④かねて耳驚かしたる二堂開帳す。経堂《きやうだう》は三将の像を残し、光堂《ひかりだう》は三代の棺《ひつぎ》を納め、三尊の仏を安置す。七宝《しつぽう》散り失《う》せて、玉《ぎよく》の扉風に破れ、⑤金《こがね》の柱霜雪《さうせつ》に朽ちて、既に頽廃《たいはい》空虚の草むらとなるべきを、四面新たに囲みて、甍《いらか》を覆ひて風雨を凌《しの》ぎ、しばらく千歳《せんざい》の記念《かたみ》とはなれり。

五月雨《さみだれ》の降り残してや光堂

松尾　芭蕉「夏草――「おくのほそ道」から」より

❷ ――線のカタカナを漢字で書きなさい。

❶ 海沿いのベッソウ。

❷ 幸せなショウガイ。

❸ パーティーにマネく。

❹ ほころびをツクロう。

❶	(1)	10点
	(2) ❶ ❷ ❸ ❹	各3点
	(3)	10点
	(4)	4点
	(5) ❶ 季語　季節	各3点
	(5) ❷	10点
	(6)	10点
	(7)	8点
	(8)	10点
❷	❶ ❷ ❸ ❹	各5点

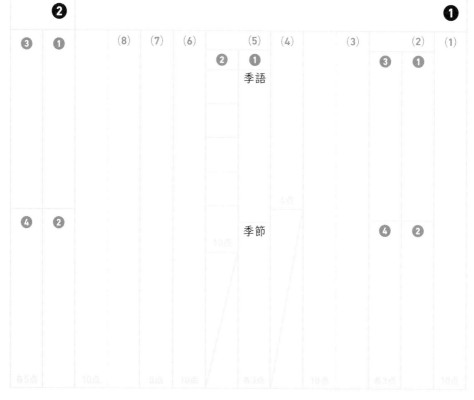

Step 1 古典名句・名言集

15分

❶ 文章を読んで、問いに答えなさい。

▼㊥163ページ～164ページ

A　花は盛りに、月は隈《くま》なきをのみ、見るものかは。
「徒然草《つれづれぐさ》（第百三十七段）」　兼好法師《けんこうほうし》

花は盛りのものだけを、月はかげりのないものだけを見るものだろうか。いや、違う。

B　心なき身にもあはれ①は知られけり鴫《しぎ》立つ沢の秋の夕暮《ゆふぐれ》
「新古今和歌集」　西行法師《さいぎょうほうし》

出家をした身にも、しみじみとした趣は感じられる。鴫が飛び立つ沢の秋の夕暮れよ。

C　ⓐ筒井筒《つつゐづつ》井筒にかけしまろがたけ過ぎにけらしな②妹《いも》見ざるまに
「伊勢《いせ》物語（筒井筒）」

井戸の枠と背比べしていた私の背も、もうその高さを越してしまったようです。あなたを見ない間に。（主人公が、幼なじみの女性に求婚をする場面。）

(1) ══線ⓐ「筒井筒」・ⓑ「笑ふこと莫かれ」を現代仮名遣いに直し、すべて平仮名で書きなさい。

ⓐ（　　）　ⓑ（　　）

(2) Aの文で、筆者が言おうとしているのはどんなことですか。次から一つ選び、記号で答えなさい。

ア　花や月以外にも、美しいものはいろいろある。
イ　最盛期とされるもの以外にも、見どころはある。
ウ　花や月の盛りの美しさは、すぐに消えてしまう。

（　　）

(3) Bの歌で——線①「あはれ」とありますが、作者は何を「あはれ」だと感じているのですか。四字で抜き出しなさい。

□□□□

(4) Cの歌で——線②「過ぎにけらしな」とありますが、これはどういうことですか。これについて説明した次の文の（　）に入る言葉を、現代語訳から抜き出しなさい。

（❶　　）間に、（❷　　）が（❸　　）の高さを越してしまった。

D　人事を尽くして天命を待つ。

自分の力を出し尽くして、結果は天の運に任せるのがよい。

「読史管見《とくしかんけん》」胡寅《こいん》

E　大器は晩成す。

大きな器はすぐにはできない。人も同じで、大物が世に出るまでには時間がかかる。

「老子《ろうし》徳経　下」老子

F　葡萄《ぶだう》の美酒夜光の杯
飲まんと欲《ほつ》すれば琵琶《びは》馬上に催す
酔うて沙場《さぢゃう》に臥《ふ》すともⓑ君笑ふこと莫《な》かれ
古来征戦《せいせん》幾人か回《かへ》る

「涼州詞」王翰《おうかん》

葡萄の酒、夜光の杯。飲もうとすると、馬上から琵琶の音が鳴り響く。砂漠で酔い、倒れ伏しても笑ってくれるな。古来、戦場に出て生きて帰った者が、いったい何人いるのか。明日の命もわからないのだから。

「古典名句・名言集」より

(5)　Dの元の漢文は、「尽人事而待天命」と書きます。この中から置き字（書き下し文にしたときに読まない字）を抜き出しなさい。

（　　　）

(6)　Eの言葉からできた故事成語を書きなさい。

（　　　）

(7)　Fの漢詩は、漢文で書くと一行が七字で四行からなります。このような漢詩を何と言いますか。漢字四字で書きなさい。

□□□□

(8)　Fの漢詩の転句（第三句）は、「酔臥沙場君莫笑」と書きます。書き下し文に合わせて、返り点を付けなさい。

酔ウテ　臥ストモ　沙　場ニ　君　莫カレ　笑フコト

ヒント

(2)　「のみ」に着目しよう。花の盛りや満月を美しいことは認めた上で、「それだけだろうか」と言っている。

(3)　作者は目の前の情景に、しみじみとした趣を感じている。

(8)　「臥沙場」、「莫笑」の部分で、読む順番が入れ替わっている。

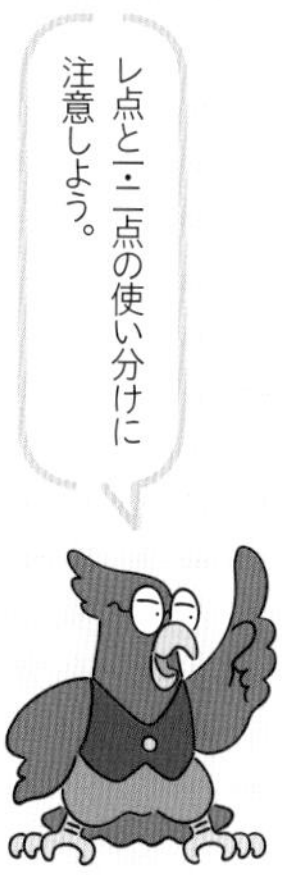

Step 1

誰かの代わりに

15分

1 文章を読んで、問いに答えなさい。

▼教 166ページ1行～167ページ20行

「自分にしかないものは何だろう。」
「自分には、他の人にないどんな能力や才能があるだろう。」
こんなふうに考えたことはありませんか。

「自分とは何か」という問いは、哲学者や思想家などによって、昔から繰り返されてきました。しかし、①今は、この「自分とは何か」を、哲学者や思想家だけでなく、十代の若者から中高年まで、世代を超えて、誰もが問わずにいられない時代であると思います。

その理由として、今の社会が、これまでの時代に比べ、個人により大きな自由が保障される社会であるからだということができるでしょう。自分の意志で自分の人生を選び取っていくことを理想とする社会。②何にでもなれる可能性のある社会。昔の封建制の下でのように、個人の自由が厳しく制限されていた社会よりも、ずっと居心《いごこ》地《ち》のよい社会だといえそうです。しかし、ここには自由があるからこそのしんどさがついて回ります。

何にでもなれる社会。これを裏返していえば、その人の存在価値は、その人が人生において何を成し遂げたか、どんな価値を生み出したかで測られるようになる、ということでもあります。「何をしてきたか」「何ができるか」で人の価値を測る社会。そこでは、人は絶えず「あなたには何ができますか。」「あなたにしかできないこ

(1) ――線①「今は、この『自分とは何か』を、……時代である」とありますが、それはなぜですか。これについて説明した次の文の□に当てはまる言葉を抜き出しなさい。

今の社会では、個人に今までより□□□□□が保障されているからこそその□□□□がつきまとうから。

(2) ――線②「何にでもなれる可能性のある社会」とありますが、この社会で大変なのはどんなことですか。次から一つ選び、記号で答えなさい。

ア 社会の居心地がよいため、何かになるという努力を忘れがちになること。
イ 何にでもなれるという自由が制限されないか、監視しなければならないこと。
ウ 実際に何になれるかという自分の存在価値を常に考えなければならないこと。

(3) ――線③「苦しい思い」とありますが、なぜ苦しいのですか。次から一つ選び、記号で答えなさい。

とは何ですか。」と他から問われ、同時に、「私には、他の人にはないどんな能力や才能があるのだろう。」と自分自身にも問わなければならないことになります。「あなたの代わりはいくらでもいる。」「ここにいるのは、別にあなたでなくていい。」と言われることがないように、自分が代わりのきかない存在であることを、自分で証明しなければならないのです。こうした状況は、先ほどの「自分とは何か」という問いを、「こんな私でも、ここにいていいのだろうか。」という、なんとも切ない問いへと変えてしまうことがあります。

　そのような問いに直面したとき、私たちは、③その苦しい思いから、今のこの私をこのまま認めてほしいという、いわば無条件の肯定を求めるようになります。何かができなくても、このままの自分を肯定してほしいと、痛いほど願うのです。自分の存在が誰からも必要とされていないこと、「おまえはいてもいなくても同じだ。」と言われることほどみじめなこと、怖いことはありません。だから、④「できる・できない」の条件を一切付けないで自分の存在を認めてくれる人、「あなたはあなたのままでいい。」と言ってくれる人を求めるのは、自然の成り行きです。

　でも、⑤これはちょっと危ういことでもあります。「あなたはあなたのままでいい。」と言ってくれる他者がいつも横にいてくれないと不安になるというように、自分の存在の意味や理由を、常に他人に与えてほしいと願う、そんな受け身の存在になってしまうからです。いつも他者に関心をもっていてほしい、その人が見ていてくれないと何もできない……そんな依存症に陥ってしまうことがあるからです。

鷲田　清一「誰かの代わりに」より

ア　自分は本当に代わりのきかない存在なのか、不安になるから。
イ　自分に能力や才能がないことを、周囲から強く責められるから。
ウ　自分よりずっと才能がある人と競争しなければならないから。

(4)　――線④「『できる・できない』の……認めてくれる」とありますが、これを一言で言いかえた言葉を六字で抜き出しなさい。

(5)　――線⑤「これはちょっと危うい」とありますが、筆者はどのようなことを「危うい」と感じているのですか。「……こと。」に続く形で四十五字以内で探し、初めと終わりの四字をそれぞれ抜き出しなさい。

〜

ヒント

(2)　この段落ではこのような社会の良さについて述べているが、続く段落では問題点を指摘している。

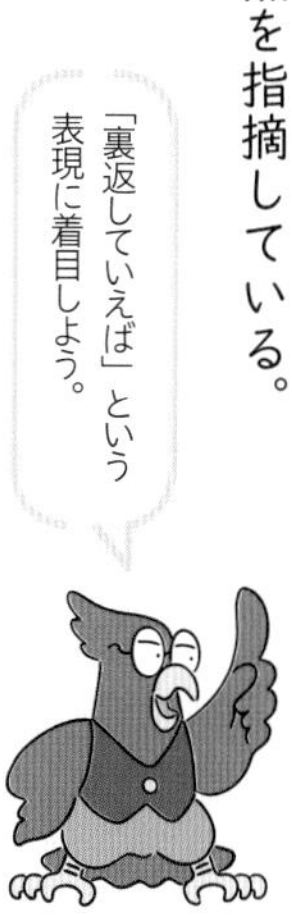

(5)　続く一文に、理由を表す「……からです。」という表現があることに着目しよう。

Step 2

誰かの代わりに

20分

／100

目標 75点

❶ 文章を読んで、問いに答えなさい。思

▼教 168ページ1行～169ページ10行

このように受け身な存在でいては、人生で見舞われるさまざまな苦労や困難、社会で直面するさまざまな問題は、何も解決することができないでしょう。私たちには、①それらを引き受ける強さというものが必要なのです。

ここでいう強さのことは、今の社会ではよく②「自立」とよばれます。誤解してはならないのは、③「自立」は「独立」のことではないということです。「独立」は、英語で「インディペンデンス」といいます。「依存」を意味する「ディペンデンス」に、否定を意味する「イン」が付いた語で、誰かに依存している状態ではない、ということです。

でも、私たちは、誰も独りでは生きられません。食材を準備してくれる人、看病をしてくれる人、手紙を届けてくれる人、電車を運転したり修理したりしてくれる人。社会の中では、数え切れない人たちが、互いの暮らしと行動を支え合って生きています。お金があれば独りでも生きていけるじゃないかと言う人もいるかもしれませんが、お金があっても、それが使えるシステムがなければ、さらにそのシステムを支えてくれる人がいなければ、何の役にも立ちません。

「自立」は、「依存」を否定する「インディペンデンス」（独立）ではなく、むしろ、「依存」に「相互に」という意味の「インター」

(1) ――線①「それら」は何を指していますか。三十三字で探し、初めと終わりの三字を抜き出しなさい。

(2) ――線②「自立」とありますが、筆者は「自立」をどのように考えていますか。当てはまらないものを次から一つ選び、記号で答えなさい。

ア 困難を自分一人で解決すること。
イ 困難を自分一人で抱え込まないこと。
ウ 他人との支え合いのネットワークを使えること。
エ 他人との支え合いのネットワークの一員であること。

(3) ――線③「『自立』は『独立』のことではない」とありますが、それはなぜですか。

点UP

(4) ――線④「『責任を負う』ということの本来の意味」とありますが、どうすることが「本来の意味」だといっていますか。

(5) ――線⑤「責任」について、答えなさい。

❶ 「責任」の英語を日本語に直訳すると、どのような意味になりますか。文章中の言葉を使って答えなさい。

❷ 筆者は、「責任」をどのようなものだと捉えていますか。文章中の言葉を用いて、説明しなさい。

点UP

(6) この文章の「自立」「責任」の意味から、「誰かの代わりに」とは、どうすることだと考えられますか。「人」という言葉を用いて、簡潔に答えなさい。

を付けた、「インターディペンデンス」（支え合い）として捉える必要があります。いざ病気や事故や災害などによって独力では生きていけなくなったときに、他人との支え合いのネットワークをいつでも使える用意ができているということ。それが、「自立」の本当の意味なのです。困難を一人で抱え込まないでいられること、と言い換えることもできるでしょう。言うまでもありませんが、「支え合い」のネットワークであるからには、自分もまた時と事情に応じて、というか気持ちのうえではいつも、支える側に回る用意がないといけません。つまり、「誰かの代わりに」という意識です。

これがおそらくは、④「責任を負う」ということの本来の意味でしょう。⑤「責任」は、英語で「リスポンシビリティ」といいます。「応える」という意味の「リスポンド」と、「能力」という意味の「アビリティ」から成る語で、「助けて」という他人の訴えや呼びかけに、きちんと応える用意があるという意味です。日本語で「責任」というと、課せられるもの、押しつけられるものという受け身のイメージがつきまといますが、「責任」というのは、最後まで独りで負わねばならないものではありませんし、何か失敗したときにばかり問われるものでもありません。「責任」とはむしろ、訴えや呼びかけに応じ合うという、協同の感覚であるはずのものなのです。「君ができなかったら、誰かが代わりにやってくれるよ。」と言ってもらえるという安心感が底にあるような、社会の基本となるべき感覚です。

鷲田 清一「誰かの代わりに」より

2 ——線のカタカナを漢字で書きなさい。

1 テツガクを専攻する。
2 世代をコえる。
3 コウテイ的な言葉。
4 自己嫌悪にオチイる。

1								2	
(1)	(2)	(3)	(4)	(5) 1	(5) 2	(6)		1	3
～								2	4
10点 10点	10点	10点	10点	10点	15点	15点			各5点

成績評価の観点 思…思考・判断・表現

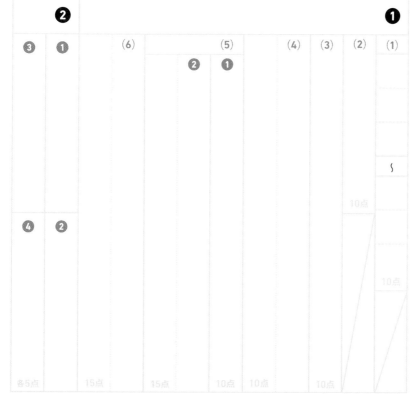

Step 2

漢字3　漢字のまとめ
（人工知能との未来〜漢字に親しもう5）

20分

/100
目標 75点

1 ――部の漢字の読み仮名を書きなさい。

1 梗概を語る。
2 貪欲に求める。
3 収賄が発覚する。
4 悦楽にひたる。
5 慰労会を行う。
6 突然の訃報。
7 深く詮索する。
8 政府を弾劾する。
9 象牙を買う。
10 強い嫉妬心。
11 春愁の思い。
12 貴い存在。
13 窮状を救う。
14 門出を祝う。
15 危うい道。

1

1	5	9	13
2	6	10	14
3	7	11	15
4	8	12	

各2点

2 カタカナを漢字に直しなさい。

1 師をツイトウする。
2 必要なソチ。
3 コハンを訪れる。
4 ホノオが燃える。
5 ダミンをむさぼる。
6 アネッタイの虫。
7 コウバイを上がる。
8 船をセンカイする。
9 和歌のロウエイ。
10 クハイを喫する。
11 多くのギセイ。
12 フモトを歩く。
13 オンネンを感じる。
14 ナガウタの師匠。
15 シリもちをつく。

2

1	5	9	13
2	6	10	14
3	7	11	15
4	8	12	

各2点

❸ 漢字に関する、次の問いに答えなさい。

(1) 次の——線の漢字と同じ部首のものを後から選び、記号で答えなさい。

❶ 深鍋　❷ 富裕　❸ 譜面　❹ 陵墓

ア 隆起　イ 謁見　ウ 銃声　エ 被害

(2) 同じ音をもつ〈　〉の漢字から、□に合うものを選び、記号で答えなさい。

❶ カツ〈ア 割　イ 轄〉 大臣が任務を統□する。

❷ ヘイ〈ア 弊　イ 幣〉 その言い方には語□がある。

❸ タイ〈ア 胎　イ 怠〉 □教に熱心な妻。

❹ カツ〈ア 褐　イ 喝〉 □色に焼けた肌。

(3) 次の熟語と音訓の組み合わせが同じものを後から選び、記号で答えなさい。

❶ 茶釜　❷ 網元　❸ 株価　❹ 悲鳴

ア 岩山　イ 精読　ウ 暇人　エ 無口

(4) 四字熟語になるように、（　）に合う言葉を後から選び、記号で答えなさい。

❶ 無我（　　）　❷ 五里（　　）

❸ （　　）一退　❹ （　　）同体

ア 霧中　イ 一心　ウ 夢中　エ 一進

(5) 次の同じ訓をもつ漢字から、——線に合うものを選び、漢字に直しなさい。

❶ 〈勧・薦〉 A 友達に良書をススめる。 B 客にざぶとんをススめる。

❷ 〈踊・躍〉 A 旅行を前に心がオドる。 B 曲に合わせてオドる。

❸ 〈荒・粗〉 A 人使いがアラい姉。 B 手触りがアラい布。

❹ 〈犯・侵〉 A 過《あやま》ちをオカす。 B プライバシーをオカす。

❸

(1)	(2)	(3)	(4)	(5)	
❶	❶	❶	❶	❶ A	❸ A
❷	❷	❷	❷	B	B
❸	❸	❸	❸	❷ A	❹ A
❹	❹	❹	❹	B	B
各2点	各2点	各2点	各2点		各2点

Step 2 文法への扉2「ない」の違いがわからない？
（人工知能との未来〜紛争地の看護師）

20分

/100
目標 75点

1 ――部の漢字の読み仮名を書きなさい。

① 暫定の順位。
② 世界を征服する。
③ 鍛錬を積む。
④ 座禅を組む。
⑤ 蚊柱が発生する。
⑥ 古今和歌集
⑦ 瓦版を配る。
⑧ 衣を身にまとう。
⑨ 建坪の広い家。
⑩ 邦楽を聴く。
⑪ 塑像を作る。
⑫ 権威の失墜。
⑬ 堕落した人生。
⑭ 垣根を越える。
⑮ 石碑を建てる。

1

①	②	③	④
⑤	⑥	⑦	⑧
⑨	⑩	⑪	⑫
⑬	⑭	⑮	

各2点

2 カタカナを漢字に直しなさい。

① 下駄のハナオ。
② サンバシを渡る。
③ サギの被害。
④ ハツコイの相手。
⑤ 文化のユウゴウ。
⑥ イフの念を抱く。
⑦ 子供のガング。
⑧ 地方のベッソウ。
⑨ シュイロの洋服。
⑩ カキの実。
⑪ 参加のゼヒを問う。
⑫ セイサンな現場。
⑬ イッチョウラの服。
⑭ 敵をホンロウする。
⑮ 仕事をヤめる。

2

①	②	③	④
⑤	⑥	⑦	⑧
⑨	⑩	⑪	⑫
⑬	⑭	⑮	

各2点

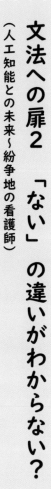

❸ 文法に関する、次の問いに答えなさい。

(1) 次の各文は、a いくつの文節に区切ることができますか。また、b いくつの単語に区切ることができますか。それぞれ、算用数字で答えなさい。

❶ 冬休みに家族と温泉に行った。

❷ 学校の帰りに、本屋で参考書を買う予定だ。

(2) 次の文の――線の文節どうしの関係は何ですか。それぞれ後から選び、記号で答えなさい。

❶ 男も　女もみな平等だ。

❷ 弟だけではなく、妹さえ僕に反対した。

❸ 手渡されたパンフレットを読んで　みる。

❹ 空に浮かぶ雲を、ぼんやりと僕は眺めた。

ア 主・述の関係　イ 修飾・被修飾の関係

ウ 補助の関係　エ 並立の関係

(3) 次の――線の単語の品詞を後から選び、それぞれ記号で答えなさい。

①ああ、②せまい　③この　④庭　⑤に　⑥いろいろな　花が　⑦咲き　⑧ます　ね。

ア 名詞　イ 連体詞　ウ 動詞

エ 形容詞　オ 形容動詞　カ 感動詞

キ 助詞　ク 助動詞

(4) 次の――線の用言について、❶・❷は活用の種類と活用形を、❸・❹は活用形を後から選び、記号で答えなさい。

❶ もっと早く起きればよかった。

❷ しっかり練習しないと、レギュラーになれないぞ。

❸ 彼女の絵は、とても美しい。

❹ 彼の判断は的確でした。

〈活用の種類〉

a 五段活用　b 上一段活用　c 下一段活用

d カ行変格活用　e サ行変格活用

〈活用形〉

ア 未然形　イ 連用形　ウ 終止形

エ 連体形　オ 仮定形　カ 命令形

❸

(1)	(2)	(3)	(4)
❶ a	❶	❶	❶ 活用の種類
❶ b	❷	❷	❶ 活用形
❷ a	❸	❸	❷ 活用の種類
❷ b	❹	❹	❷ 活用形
各2点	各2点	❺	❸ 活用形
		❻	❹ 活用形
		❼	各2点
		❽	
		各2点	

Step 1

温かいスープ

15分

❶ 文章を読んで、問いに答えなさい。

▼㊎197ページ13行~198ページ15行

若い非常勤講師の月給は安いから、月末になると外国人の私は金詰まりの状態になる。そこで月末の土曜の夜は、スープもサラダも肉類も取らず、①「今日は食欲がない。」などとよけいなことを言ったうえで、いちばん値の張らないオムレツだけを注文して済ませた。それにはパンが一人分付いてくるのが習慣である。そういう注文が何回かあって気づいたのであろう、この若い外国生まれの学者は月末になると苦労しているのではなかろうか、と。

ある晩、また「オムレツだけ。」と言ったとき、②娘さんのほうが黙ってパンを二人分添えてくれた。パンは安いから二人分食べ、勘定のときパンも一人分しか要求されないので、「パンは二人分です。」と申し出たら、人さし指をそっと唇に当て、目で笑いながら首を振り、他の客にわからないようにして一人分しか受け取らなかった。私は何か心の温まる思いで、「ありがとう。」と、③かすれた声で言ってその店を出た。月末のオムレツの夜は、それ以後、いつも半額の二人前のパンがあった。

その後、何か月かたった二月の寒い季節、また貧しい夜がやって来た。花のパリというけれど、北緯五十度に位置するから、わりに寒い都で、九月半ばから暖房の入る所である。冬は底冷えがする。その夜は雹《ひょう》が降った。私は例によって無理に明るい顔をしてオムレ

❶ (1) ――線①「今日は食欲がない」について問いに答えなさい。

❶ 「私」がわざわざこのようなことを言うのはなぜですか。当てはまる言葉を七字で抜き出しなさい。

店の人に、□□□□□□□なのだろうと思われるのが恥ずかしいから。

❷ このとき、「私」はどのような顔をしていたと考えられますか。文章中の言葉を使って書きなさい。

(2) ――線②「娘さんのほうが黙ってパンを二人分添えてくれた」とありますが、娘さんがこのようにしてくれたのはなぜですか。次から一つ選び、記号で答えなさい。

ア パンの分、多く勘定を取ろうとしたから。
イ 連れがいるのではないかと誤解されたから。
ウ 金のない「私」を気の毒に思ったから。

(3) ――線③「かすれた声」とありますが、ここから「私」のどのような思いがわかりますか。次から一つ選び、記号で答えなさい。

ア 親切にされたことに対する感謝と感激。
イ 恥ずかしい思いをした悔しさと屈辱感。
ウ 娘さんの意図がわからない戸惑いと不安。

ツだけを注文して、待つ間、本を読み始めた。店には二組の客があったが、それぞれ大きな温かそうな肉料理を食べていた。そのときである。背のやや曲がったお母さんのほうが、湯気の立つスープを持って私のテーブルに近寄り、震える手でそれを差し出しながら、小声で、④「お客様の注文を取り違えて、余ってしまいました。よろしかったら召しあがってくださいませんか。」と言い、優しい瞳でこちらを見ている。小さな店だから、今、お客の注文を間違えたのではないことぐらい、私にはよくわかる。

今道　友信「温かいスープ」より

(4) ——線④「お客様の注文を取り違えて、余ってしまいました」について、答えなさい。

❶ 店のお母さんがこのようなことを言ったのはなぜですか。次から一つ選び、記号で答えなさい。

ア 食べてくれないと店が困るのだということを強調するため。
イ 「私」が気を遣わずにスープを受け取れるようにするため。
ウ スープを飲んでもお金は必要ないことをはっきりさせるため。

❷ 「私」が❶のようなお母さんの思いを理解したのは、なぜですか。これについて説明した次の文の□に入る言葉を抜き出しなさい。

□□□□□□□□□□というのは嘘《うそ》で、□が降るほど寒い日に私に温かい□□□を飲ませてあげようと思ったのだということに、お母さんの□□□□を見て気づいたから。

ヒント

(2) お店の人たちは、「私」が月末にはお金がなくてオムレツしか食べられないことに気づいたのだ。

(3) 「私」が「心の温まる思い」になっていることに着目しよう。

Step 2

温かいスープ

20分

／100

目標 75点

❶ 文章を読んで、問いに答えなさい。 思

▼教198ページ7行～199ページ12行

その後、何か月かたった二月の寒い季節、また貧しい夜がやって来た。花のパリというけれど、北緯五十度に位置するから、わりに寒い都で、九月半ばから暖房の入る所である。冬は底冷えがする。その夜は雹《ひょう》が降った。私は例によって無理に明るい顔をしてオム①レツだけを注文して、待つ間、本を読み始めた。店には二組の客があったが、それぞれ大きな温かそうな肉料理を食べていた。そのときである。背のやや曲がったお母さんのほうが、湯気の立つスープを持って私のテーブルに近寄り、震える手でそれを差し出しながら、小声で、②「お客様の注文を取り違えて、余ってしまいました。よろしかったら召しあがってくださいませんか。」と言い、優しい瞳でこちらを見ている。小さな店だから、今、お客の注文を間違えたのではないことぐらい、私にはよくわかる。

こうして、目の前に、どっしりしたオニオングラタンのスープが置かれた。寒くてひもじかった私に、それはどんなにありがたかったことか。③涙がスープの中に落ちるのを気取られぬよう、一さじ一さじかむようにして味わった。フランスでもつらいめに遭ったことはあるが、この人たちのさりげない親切のゆえに、私がフランスを嫌いになることはないだろう。いや、それればかりではない、④人類に絶望することはないと思う。

(1) ――線①「オムレツだけを注文して」とありますが、それはなぜですか。これについて説明した次の文の(　)に当てはまる言葉を文章中から一語で抜き出しなさい。

パリで(　)生活を送っていたから。

点UP

(2) ――線②「お客様の注文を……召しあがってくださいませんか」とありますが、お母さんはなぜこのように言ったのですか。「みじめ」「気遣い」という言葉を用いて答えなさい。

(3) ――線③「涙がスープの中に落ちる」とありますが、なぜこのようになったのですか。「私」の状況を考えて説明しなさい。

(4) ――線④「人類に絶望することはない」とありますが、それはなぜですか。これについて説明した次の文の(　)に当てはまる言葉を文章中から五字以内で抜き出しなさい。

フランスで与えられた(　)によって、人類を信じることができるから。

(5) ――線⑤「国際性の基調」について、答えなさい。

❶ 「国際性の基調」ではないと、筆者が否定しているのは何ですか。それが書かれた部分を文章中から探し、初めと終わりの三字を抜き出しなさい。

点UP

❷ 筆者は、「国際性の基調」を、どうすることが大切だと考えていますか。最後の一文を手がかりにして答えなさい。

国際性、国際性とやかましく言われているが、その基本は、流れるような外国語の能力やきらびやかな学芸の才気や事業のスケールの大きさなのではない。それは、相手の立場を思いやる優しさ、お互いが人類の仲間であるという自覚なのである。その典型になるのが、名もない行きずりの外国人の私に、口ごもり恥じらいながら示してくれたあの人たちの無償の愛である。求めるところのない隣人愛としての人類愛、これこそが⑤国際性の基調である。そうであるとすれば、一人一人の平凡な日常の中で、それは試されているのだ。

今道　友信「温かいスープ」より

❷ ——線のカタカナを漢字で書きなさい。

❶ 敵がコウフクする。
❷ 好きキライを克服する。
❸ ケンキョな態度を示す。
❹ フンイキの良い店。

❶						❷	
(1)	(2)	(3)	(4)	(5) ❶	(5) ❷	❶	❸
10点	15点	15点	10点	〜 10点	20点	❷	❹
						各5点	

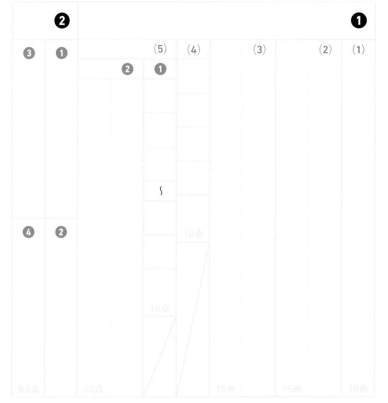

Step 2

わたしを束ねないで

20分

／100

目標 75点

1 詩を読んで、問いに答えなさい。思

▼教 200ページ1行～202ページ12行

わたしを束ねないで　　新川《しんかわ》 和江《かずえ》

わたしを束ねないで
あらせいとうの花のように
白い葱《ねぎ》のように
束ねないでください　わたしは稲穂
秋　大地が胸を焦がす
見渡すかぎりの金色《こんじき》の稲穂

わたしを止めないで
標本箱の昆虫のように
高原からきた絵葉書《えはがき》のように
止めないでください　わたしは羽撃《はばた》き
こやみなく空のひろさをかいさぐっている
目には見えないつばさの音

わたしを注《つ》がないで
日常性に薄められた牛乳のように

(1) 第一連「わたしを束ねないで」という言葉には、どのような思いが込められていますか。次から一つ選び、記号で答えなさい。

ア　わたしをつまらないものと、見下さないでほしい。
イ　世間の常識とか慣習などでわたしを縛らないでほしい。
ウ　わたしの能力を認め、自由に行動させてほしい。

(2) 第二連「わたしを止めないで」とありますが、どうされることを拒否しているのですか。次から一つ選び、記号で答えなさい。

ア　昆虫採集も、絵葉書を書くことも、禁止されること。
イ　自由に動くことができないように、制限されること。
ウ　空を飛ぶ鳥のように自由に旅するのを禁止されること。

(3) 第三連「わたしを注がないで」とは、どのようなことを拒否しているのですか。これについて説明した次の文の(　)に当てはまる言葉を後から選んでそれぞれ記号で答えなさい。

味気ないものをコップのような(　1　)のあるものに注ぐように、広がりのない小さな(　2　)に(　3　)をはめこもうとすること。

ア　わたし　イ　水分　ウ　世界　エ　形　オ　道

点UP
(4) 第四連で作者が否定しているのは、どのような枠に縛られることですか。「世間」「人間像」という言葉を使って書きなさい。

点UP
(5) この詩の中で、作者が理想だと思っているのはどのような生き方ですか。考えて書きなさい。

ぬるい酒のように
注がないでください　わたしは海
夜　とほうもなく満ちてくる
苦い潮《うしお》　ふちのない水

わたしを名付けないで
娘という名　妻という名
重々しい母という名でしつらえた座に
坐《すわ》りきりにさせないでください　わたしは風
りんごの木と
泉のありかを知っている風

わたしを区切らないで
，《コンマ》や・《ピリオド》いくつかの段落
そしておしまいに「さようなら」があったりする手紙のようには
こまめにけりをつけないでください　わたしは終《おわ》りのない文章
川と同じに
はてしなく流れていく　拡《ひろ》がっていく　一行の詩

新川　和江「わたしを束ねないで」〈新川和江詩集〉より

❷ ――線のカタカナを漢字で書きなさい。

❶ イナホが風に揺れる。
❷ コげた肉を食べる。
❸ 珍しいコンチュウ。
❹ ウスい色で塗る。

❶	(1)	15点
	(2)	15点
	(3) ❶ ❷ ❸	各5点
	(4)	15点
	(5)	20点
❷	❶ ❷ ❸ ❹	各5点

Step 2

三年間の歩みを振り返ろう（わたしを束ねないで～本文で扱っていない常用漢字）

20分

／100
目標 75点

❶ ――部の漢字の読み仮名を書きなさい。

1 王妃になる。
2 爵位を授かる。
3 詔勅が出される。
4 金色の稲穂。
5 嫡子として育つ。
6 汗腺が発達する。
7 南蛮貿易の時代。
8 大韓民国の友達。
9 憧憬の念を抱く。
10 覚醒した少年。
11 焼酎を注文する。
12 艦艇に乗る。
13 殉死した武士。
14 急逝した俳優。
15 赦免状をもらう。

❶

1	5	9	13
2	6	10	14
3	7	11	15
4	8	12	

各2点

❷ カタカナを漢字に直しなさい。

1 名誉のキソン。
2 セツナ的な行動。
3 ゲンスイになる。
4 コンチュウを探す。
5 ホリョにされる。
6 モウモクの少女。
7 ショクリョウ問題
8 カイヅカの跡。
9 シッソウ届を出す。
10 花のヨウセイ。
11 ルリ色のガラス。
12 ヤヨイ時代の土器。
13 ジュキョウを学ぶ。
14 ゴウモンに耐える。
15 ニンシンした妻。

❷

1	5	9	13
2	6	10	14
3	7	11	15
4	8	12	

各2点

❸ 文法に関する、次の問いに答えなさい。

(1) 次の――線の品詞を後から選び、記号で答えなさい。

　①ああ、②幼いころに祖母にもらった、あの③大きなクマの④ぬいぐるみは、私にとって⑤とても⑥大切なものだっ⑦た。⑧でも、⑨引っ越すとき⑩にに手放してしまったんだ。

ア 名詞　イ 動詞　ウ 形容詞　エ 形容動詞
オ 副詞　カ 連体詞　キ 接続詞　ク 感動詞
ケ 助詞　コ 助動詞

(2) 次の――線の動詞について、A活用の種類とB活用形を後から選び、記号で答えなさい。

❶ 明日から日記を書こうと決意した。
❷ 演劇を見て、心を動かされた経験を文章にする。
❸ 若い頃の苦労は買ってでもしろと言われる。

A ア 五段活用　イ 上一段活用　ウ 下一段活用
　エ サ行変格活用　オ カ行変格活用
B ア 未然形　イ 連用形　ウ 終止形
　エ 連体形　オ 仮定形　カ 命令形

(3) 次の――線が、形容詞ならAを、形容動詞ならBを、それ以外ならCを書きなさい。

❶ 私が一番好きな季節は、春だ。
❷ 短い間でしたが、お世話になりました。
❸ 健康的な生活を送るよう心がける。
❹ 先日、おかしな話を耳にした。

(4) 次の――線の助動詞の働きを後から選び、記号で答えなさい。

❶ もうこれ以上、周囲に迷惑をかけるまいと決めた。
❷ 天気予報によると、明日は昼から天気が崩れるそうだ。
❸ 私は将来、父のように世界中を飛び回る学者になりたい。
❹ 今でも目を閉じると、懐かしい故郷の風景が思い出される。
❺ 明日は、私に代わって弟にご報告に行かせます。
❻ 周囲から心配されないように、しっかりしなければ。
❼ 自分でも意識せずに、こぶしを固く握りしめていた。
❽ 私が心配していると弟は思っているまい。

ア 伝聞　イ 推定　ウ 使役
エ 希望　オ 受け身　カ 自発
キ 可能　ク 否定　ケ 否定の推量
コ 否定の意志

❸

(1)		(2)		(3)	(4)	
❶	❻	❶ A　B	❸ A　B	❶	❶	❻
❷	❼	❷ A　B	各2点	❷	❷	❼
❸	❽			❸	❸	❽
❹	❾			❹	❹	各2点
❺	❿			各2点	❺	
各1点						

Step 2 漢字に親しもう6

20分　／100　目標 75点

❶ 同訓異字・同音異義語に関する次の問いに答えなさい。

(1) 次の(　)に入る漢字として正しいものを後の〈　〉から選び、記号で答えなさい。

❶【おさめる】 税金を(A)。国を(B)。事態を(C)。
〈ア 収める　イ 治める　ウ 納める〉

❷【おかす】 罪を(A)。領土を(B)。危険を(C)。
〈ア 犯す　イ 冒す　ウ 侵す〉

(2) 次の――線を漢字に直したとき、正しいものを後の〈　〉から選び、記号で答えなさい。

❶ フヘン的な問題。〈ア 不変　イ 不偏　ウ 普遍〉

❷ 小学生タイショウの本。〈ア 対照　イ 対称　ウ 対象〉

❸ 品質のホショウ。〈ア 補償　イ 保証　ウ 保障〉

❷ 送り仮名に関する次の問いに答えなさい。

(1) 送り仮名に気をつけて、――部を漢字に直しなさい。

❶ ハナハダシイ違い。　❷ お言葉をタマワル。

❸ 川をサカノボル。　❹ 神をオソレル。

❺ 友をナグサメル。　❻ 不足分をマカナウ。

❸ 類義語・対義語に関する次の問いに答えなさい。

(1) 次の言葉の類義語を後から選び、漢字に直して書きなさい。

❶ 計画　❷ 感心　❸ 短所　❹ 同意

〈サンセイ　ケッテン　イト　ケイフク〉

(2) 次の□に漢字一字を入れて、対義語の組を完成させなさい。

❶ 主観 ↕ □観　❷ 正常 ↕ □常

❸ 散文 ↕ □文　❹ 必然 ↕ □然

問題		解答欄	配点
❶ (1)	❶	A / B / C	各4点
	❷	A / B / C	
❶ (2)	❶ ❷ ❸		各4点
❷ (1)	❶ ❷ ❸ ❹ ❺ ❻		各4点
❸ (1)	❶ ❷ ❸ ❹		各5点
❸ (2)	❶ ❷ ❸ ❹		各5点

テスト前 ✓ やることチェック表

① まずはテストの目標をたてよう。頑張ったら達成できそうなちょっと上のレベルを目指そう。
② 次にやることを書こう（「ズバリ英語〇ページ，数学〇ページ」など）。
③ やり終えたら□に✓を入れよう。
最初に完ぺきな計画をたてる必要はなく，まずは数日分の計画をつくって，
その後追加・修正していっても良いね。

目標

	日付	やること 1	やること 2
2週間前	／	□	□
	／	□	□
	／	□	□
	／	□	□
	／	□	□
	／	□	□
	／	□	□
1週間前	／	□	□
	／	□	□
	／	□	□
	／	□	□
	／	□	□
	／	□	□
	／	□	□
テスト期間	／	□	□
	／	□	□
	／	□	□
	／	□	□
	／	□	□

QRコードのページに登録すると，「ぴたリンク」からも表をダウンロードできるよ

キリトリ線

テスト前 ✓ やることチェック表

① まずはテストの目標をたてよう。頑張ったら達成できそうなちょっと上のレベルを目指そう。
② 次にやることを書こう（「ズバリ英語○ページ，数学○ページ」など）。
③ やり終えたら□に✓を入れよう。
最初に完ぺきな計画をたてる必要はなく，まずは数日分の計画をつくって，
その後追加・修正していっても良いね。

目標

	日付	やること1	やること2
2週間前	／	□	□
	／	□	□
	／	□	□
	／	□	□
	／	□	□
	／	□	□
	／	□	□
1週間前	／	□	□
	／	□	□
	／	□	□
	／	□	□
	／	□	□
	／	□	□
	／	□	□
テスト期間	／	□	□
	／	□	□
	／	□	□
	／	□	□
	／	□	□

QRコードのページに登録すると，「ぴたリンク」からも表をダウンロードできるよ

光村図書版 国語3年 ― 定期テスト ズバリよくでる ― 解答集

〈本体から外してお使いください〉

世界はうつくしいと

2～3ページ　Step 1

❶ (1) イ
(2) あざやかな毎日
(3) イ

―考え方―

❶ (3) この詩では、「……はうつくしいと。」が繰り返されている。世界の美しさに改めて目を向け、かけがえのない世界をかみしめていきたいと述べている。

握手

4～5ページ　Step 1

❶ (1) 日本にや～するぞ。
(2) ウ
(3) ア
(4) ①こら。／よく聞きなさい。（順不同）
②ア
(5) ア・ウ（順不同）

―考え方―

❶ (1) 「こんなうわさ」の「こんな」は、ここでは後の部分を指している。「……いつかは爆発するぞ。」とうわさされていたのである。
(2) ルロイ修道士は、戦争中に日本人から指をたたき潰されるという仕打ちを受けた。
(4) 『こら。』とか、『よく聞きなさい。』とか言う代わり」であると述べられている。

握手

6～7ページ　Step 2

❶ (1) 例 右の親指をぴんと立てること。
(2) イ
(3) 例 自分が隠していたことがばれていたと知って、はずかしかったから。
(4) ア
(5) 例 自分に会ったとき、ルロイ修道士は身体中が悪い腫瘍の巣になっていたということ。
(6) 例 ルロイ修道士の死の悲しみと、ルロイ修道士の命を奪った腫瘍への怒り。

❷ ①洗濯　②開墾　③監督　④傲慢

―考え方―

❶ (1) 「こんな合図」と言ってから、実際にやってみせている。
(2) ルロイ修道士が「いっとう楽しい」と言うのが、具体的な上川《かみかわ》君の行動を見たことを指しているわけではないことに注意。このように天使園を出た子供たちが立派に働いている姿を見るとき、ルロイ修道士はうれしく、楽しいと思うのである。
(3) 「頭をかく」という行動は、気まずさやはずかしさを表す。病気のことをうまく隠して「わたし」に会いに来たつもりだったのに、すべてばれていると知って、はずかしさを感じている。

(4) ルロイ修道士に「わかりました」と答える代わりに、親指を立て、握手をしたが、「それでも足りずに」腕を激しく上下に振った。この行動に、「わたし」の感謝や、病気になったルロイ修道士へのいたわり、別れを惜しむ気持ちがこめられている。

(5) 直前の内容を読み取る。「わたし」はルロイ修道士の死後、初めて、自分が会ったときの彼の容態が非常に悪かったことを知ったのである。

(6) 「わたし」が何に対して「お前は悪い子だ」と考えているのかを捉える。「わたし」の怒りはルロイ修道士の命を奪った腫瘍に向いており、その怒りの奥には彼の死の悲しみがある。

学びて時に之《これ》を習ふ――「論語」から

8〜9ページ Step 1

❶ (1) 例 学んだこと
(2) ウ
(3) ウ
(4) 例 徳の高い、理想的な人格者。
(5) ア
(6) ア
(7) ウ
(8) 知ルレ　之ヲ　者ハ

考え方

❶ (1) 直前の「学びて」を指すので、これを現代語にする。
(2) ここでは、学問について共に語れるような友人のことであり、そのような人と語り合えることを「楽しい」と言っている。
(3) 世の中の人が自分のことを認めてくれなくても、ということ。
(4) 「君子」は徳の高い、立派な人格者のこと。
(6) 「……たるべし」とは、「……であるのにふさわしい」という意味。
(8) 「之」から「知」に一字返って読んでいるので、レ点を入れる。
また、それぞれの漢字に送り仮名を付ける。

漢字Ⅰ　熟語の読み方（握手〜漢字に親しもうⅠ）

10〜11ページ Step 2

❶ ①とくめい ②しろもの ③ぶんかつ ④ゆいごん（いごん） ⑤まゆだま ⑥あいいろ ⑦さた ⑧けいしゃ ⑨はんぷ ⑩えっけん ⑪やきん ⑫きょうこく ⑬そとぼり ⑭べつむね ⑮せいめい

❷ ①洗濯 ②穏 ③整頓 ④爪 ⑤開墾 ⑥監督 ⑦帝国 ⑧泥 ⑨傲慢 ⑩捜 ⑪冗談 ⑫浅瀬 ⑬一周忌 ⑭腫瘍 ⑮葬式

❸ (1) ①音 ②訓 ③訓 ④音
(2) ①イ ②ア ③イ ④ア
(3) ①センて・ア ②あさバン・イ ③ゆうカン・イ ④ギンいろ・ア
(4) ①あずき ②えがお ③いなか ④かぜ ⑤しらが ⑥つゆ ⑦たび ⑧しっぽ ⑨なだれ ⑩むすこ ⑪みやげ ⑫もめん

考え方

❸ (1) 「重箱」と「湯桶《ゆとう》」のどちらがどちらかは混乱しやすいが、「重箱」の「重（ジュウ）」は耳で聞いても意味がわからない音読みであるのに対し、「箱（はこ）」は訓読みであることがわかれば区別できる。
(2) 音読みか訓読みかわからなくなったときは、その漢字の別の読み方を考え、どちらが耳で聞いて意味がわかる読み方かを考えるとよい。「境」には「さかい」と「キョウ」という読み方があるが、耳で聞いて意味がわかる「さかい」が訓読みである。
(3) ② 「朝晩」は「あさ＋バン」となり湯桶読みだが、「朝夕《あさゆう》」はどちらも訓読みである。

(4) 熟字訓は、言葉を知っていれば、漢字の意味から読み方を類推できるものも多い。また、⑤の「白髪」を「ハクハツ」と読んだり、「明日」を「あす」「ミョウニチ」と読むように、特別な読み方だけでなく、同じ意味で複数の読み方をする熟語もある。

作られた「物語」を超えて

12〜13ページ　Step 1

❶ (1) ウ
(2) 自己主張・呼びかけ・不満・誘いかけ（順不同）
(3) 距離を〜え合う
(4) ア
(5) ① 密林の奥　② ウ

考え方

❶ (1) これより前の部分から探す。
(2) 三つ目の段落の初めに「このように」とあり、ドラミングの意味がまとめられている。
(3) 「私たち人間どうしが……ように、ゴリラは……」とあり、人間とゴリラの行動が比べられている。
(5) ①「ゴリラは好戦的で凶暴な動物だ」という「物語」を作り出したことが、悲惨な運命につながったのである。「好戦的で凶暴な動物」を比喩を用いて表現しているのは、「密林の奥に潜む戦い好きな怪物」という表現である。
②「野生での平和な群れ生活が紹介されて、動物園でも群れで暮らすことができるようになった」のは、悲惨な運命からのよい変化として示されている。

作られた「物語」を超えて

14〜15ページ　Step 2

❶ (1) 自分の〜する力
(2) ある印〜る性質
(3) ① 例 言葉や文化の違う民族で、誤解を解くことができない間柄。
② 争いや衝突
③ 今でも〜らだ。
(4) 相手の立場
(5) ・例 相手の立場に立って行動の意味を考えること。
・例 「物語」を現象と比べ、これまでの常識を疑うこと。（順不同）

❷ ① 凶暴　② 悲惨　③ 勇壮　④ 鎖

考え方

❶ (1) 筆者は、言葉の発明によって多くの知識を共有できるようになったことに多くの利点を見いだす一方で、「自分の体験を脚色したり誇張したりする」力が「物語」を作り出し、さまざまな誤解を生むことを問題視している。
(2) 「間違いを社会の常識としてしまう」ことの例として、冒頭部でゴリラのドラミングに対する誤解が挙げられている。人間が「ある印象を基に『物語』を作り、それを仲間に伝えたがる性質」をもつことで、こうした誤解が広がりやすくなっているのである。
(3) ①「同じ言葉で話し合い、誤解を解くことができる間柄」と対比されている。
②民族間の悲劇は、「争い」「衝突」などの形で現れている。
③相手を誤解したままで自分たちを正義とする「物語」を作り出すことが、「果てしない戦いの心」を生み出すのである。
(4) 「反対」とは、自分と対立するものの側、ということである。
(5) 最後の段落で、筆者の意見がまとめられている。「誤解を解くためには……ことが必要である。……態度も必要となる。」とあるので、これを二つに分けてまとめる。

16～17ページ　Step 2

❶ ①あわだ　②どうりょう　③すいそう　④こんだん
⑤かんてつ　⑥ぼうしょ　⑦しんぼく　⑧ぞうきん
⑨にお　⑩けんやく　⑪はくらい　⑫たんてい
⑬そうりょ　⑭もほう　⑮おうべい

❷ ①凶暴　②勇壮　③悲惨　④鎖　⑤紛争　⑥銃　⑦誇張
⑧巡　⑨併記　⑩表彰　⑪推薦　⑫待遇　⑬多岐　⑭貢献
⑮懐疑

❸ (1)①例 なることです　②例 思える
(2)①aア　bイ　②aイ　bア
(3)①学級新聞が完成した。それが昨日届いた。
②完成した学級新聞が昨日届いた。
(4)①エ　②オ　③イ　④ア　⑤ウ
(5)①ウ　②ア　③イ

考え方

❸ (1) 主語（主部）に対応した述語に直す。なお、文全体を直すのであれば、①「私はサッカー選手になるのが夢です。」、②「僕は、みんながこの問題を理解していないように思う。」などと直せる。文節の対応を正す方法は一つではない。
(2)①「けんた」と「ひかるとあおい」とに分けると、aの意味となり、「けんたとひかる」と「あおい」に分けるとbの意味になる。
(3) この文は、「昨日届いた」「昨日完成した」という二通りの解釈ができる。意味のまとまりを明確にするには、文を分けたり、文節の順序を入れ替えたりする必要がある。
(4) まず、呼応する言葉を見つけること。①は「だろう」、②は「ても」、③は「ない」、④は「か」、⑤は「ようだ」である。
(5)①「を」は、動作の経過する場所、②「へ」は動作の方向、「で」は動作が行われる場所を表す働きをもっている。

俳句の可能性／俳句を味わう

18～19ページ　Step 1

❶ (1) 季語…雪　季節…冬
(2) ア
(3) 五・七・五・十七
(4)①E・F　②B　③C　④E　⑤B・C・D・E
⑥F　⑦B
(5) 萬緑・吾子の歯
(6) ウ

考え方

❶ (1)「雪」は冬の季語。なお、「雪解《ゆきどけ》」は春の季語である。
(3) 俳句は五・七・五の十七音から成る。
(4)①体言で言い終えているのは、E「上」とF「一人」。
②Cの句は、「赤い椿《つばき》」が六音になっている。
③「萬緑《ばんりょく》の中や」と、二句の途中で切れている。
④「ひとつぶや」で切れている。
⑤切れ字には、「や・かな・けり」などがある。
⑥五・七・五の音数に縛られず、自由な形式で作られた句である。
⑦椿は「春の季語」。

俳句の可能性／俳句を味わう

20～21ページ　Step 2

❶ (1) イ
(2)①たんぽぽの丸
②例 韻文の、声に出して読むことで言葉が生き生きしてくるという特徴。
(3) 例 どこまでも深いところまで、山に踏み込んでいくことを表現する効果。

(4) ①約束 ②関心 ③特別
(5) けり・かな（完答）
(6) 例 往来に見えるものや肌に感じる気温などから、春の訪れを確信している様子。

❷ ①膝 ②僅 ③隔 ④詳

考え方

❶ (1)「一瞬」は跳び箱の突き手の瞬間を指すのに対し、「冬」は作者が感じとった、これから訪れる冬の気配で、長い時間を指す。「一瞬」と「冬」という長い時間は本来なら直接結びつかないが、ここでは突き手の瞬間の緊張感が冬へとつながっているのである。
(2) ①「『ぽぽ』というときの唇の丸い形と声の響きが、たんぽぽの丸い絮毛《わたげ》の軽やかな様子をよく表している」とある。
②直前に、「……も、韻文の特徴の一つである。」とあることに着目する。
(3)「分け入つても」という言葉を繰り返すことによって、一度だけ「分け入つても」というよりもずっと深いところまで山に入り込んでいく印象を与えることができる。「山道をひたすら進んでいく」なども可。
(4)「俳句は難しいと思われるかもしれない」に、逆接の「が」が結びついていることに着目する。筆者自身は、俳句は難しい、特別なものだとは考えていないのである。
(5) 切れ字のある部分に、作者の感動の中心がある。
(6)「春をうたがはず」とは、春が確かにやってきた、ということを疑わないということ。バスを待っているときに春の訪れを確信しているのだから、往来の様子や、風の暖かさに春を感じたのだろう。

言葉1 和語・漢語・外来語（俳句の可能性〜「私の一冊」を探しにいこう）

22〜23ページ Step 2

❶ ①さむらい ②よい ③たき ④くわばたけ ⑤そしょう ⑥さいけん ⑦いんぺい ⑧はたん ⑨ねんぽう ⑩しんちょく ⑪おろしう ⑫か ⑬ひざ ⑭こかげ ⑮かろ

❷ ①嵐 ②曇 ③鍵盤 ④鋼 ⑤幾度 ⑥渦 ⑦僅 ⑧障子 ⑨平凡 ⑩尋 ⑪違 ⑫偶然 ⑬誤解 ⑭魅力 ⑮韻

❸ (1) ①ウ ②ア ③イ
(2) ①ウ ②イ ③ウ ④ア ⑤ア ⑥エ ⑦イ ⑧エ
(3) ①カ ②イ ③ウ ④ア ⑤オ ⑥エ

考え方

❸ (1) それぞれの特徴を押さえて使い分けるとよい。たとえば、新聞で書くときは漢語を中心にするが、直接話をするときは和語中心の方がわかりやすい。また、外来語は新鮮な印象があるので、新商品の紹介などにも適している。
(2) ⑥「サッカー」は外来語、「選手」は漢語。⑧「かるた」はポルトガル語が語源の外来語、「遊び」は和語。
(3) 和語・漢語・外来語は、似た意味を表す言葉でも、少しずつニュアンスや指し示す範囲がちがうことが多い。たとえば、「ホテル」は客室にベッドとバスルームをもつ施設を指すことが多いが、「旅館」は温泉などがある和風の施設、「宿屋」は昔の宿泊施設を指すことが多い、という違いがある。

挨拶——原爆の写真によせて

24〜25ページ Step 1

❶ (1) 私・あなた
(2) 焼けただれた顔

(3) 原爆・油断・安らか・美しい
(4) ア
(5) 一九四五・八・六・原爆
(6) イ

考え方

❶ (1) 誰と誰が向き合っているのかを捉える。作者自身を「私」とし、相手に「友よ」と呼びかけているが、「私」と「友」ではどちらも一字になってしまう。『友』に対して呼びかけた「あなた」を抜き出す。

(3) 「りつぜん」は、ぞっとするような恐ろしさを感じる様子。「あなた」の顔に「明日の表情」をさがしたときに恐ろしさを感じるのは、世界中に原爆があり、「生と死のきわどい淵《ふち》」にいるにもかかわらず、「あなた」の顔が「安らか」で「美しい」からである。

(4) 25・26行目「午前八時一五分は／毎朝やってくる」に着目する。八時一五分は原爆が落とされた時間。原爆が落とされる可能性は、今も常にある、ということである。

(5) 最後の連に「一九四五年八月六日の朝／一瞬にして死んだ二五万人」とある。原爆投下の朝を指す。

故郷

26～27ページ Step❶

❶ (1) ① 故郷に別れを告げに来た
② 寂寥の感
(2) 苫の隙間か
(3) ア
(4) ウ
(5) 私が今暮らしを立てている異郷の地

考え方

❶ (1) ① 四段落最後に「今度の帰郷は決して楽しいものではない」とあり、さらに続く部分で帰郷の目的が述べられている。
② 船の中から故郷を眺めている「私」の胸に、「寂寥の感」が込み上げている。「寂寥」とは心が満たされることなく、もの悲しい気持ちのことである。

(2) 故郷の様子を具体的に描写した部分を探す。

故郷

28～29ページ Step❷

❶ (1) 例 艶のいい丸顔で、血色のいい丸々した手をしている様子。
(2) 例 目の周りが赤く腫れること。
(3) ウ
(4) 例 喜び…懐かしい「私」に再会できた喜び。
寂しさ…以前のように接することができなくなった寂しさ。
(5) ① 悲しむべき厚い壁
② a イ b エ（順不同・完答）
(6) 例 主人と使用人の関係に変わった。

❷ ① 雇 ② 溺愛 ③ 塗 ④ 貧乏

考え方

❶ (1) 「昔の」「記憶にある」という言葉に着目する。「艶のいい丸顔」で「血色のいい、丸々した手」をしていたことを押さえる。

(2) 何の周りが腫れるのかを明確にして答える。

(3) 「感激で胸がいっぱいに」とあるので、再会した喜びはある。しかし、「どう口をきいたものやら思案がつかぬ」や、「よく来たね」といった後で「……」と口ごもっていることから、変わり果てたルントウへの驚きや戸惑いが読み取れる。

(4) 「私」と再会できたのはうれしいが、「ルンちゃん」と呼ばれても「シュンちゃん」と返せない立場を寂しく思っている。

(5) ① 二人の間を隔ててしまったものである。
② 二人を隔てた「悲しむべき厚い壁」とは何かを捉える。「旦那様」

と呼ばねばならない身分の違い、境遇の違いが、そこにはある。
(6) 昔のように親しく接することはできず、「私」のことを「旦那様」と呼ぶ関係に変わったのである。

故郷

30〜31ページ Step 2

❶ (1) ①心 ②隔絶
(2) すいか畑の
(3) ウ
(4) 例 私たちの経験しなかった新しい生活をもつこと。
(5) 例 自分の希望も、ルントウの偶像崇拝も、独りよがりに価値があると信じているものにすぎないのではないかということ。
(6) 例 もともとあるものではないが、同じ思いの人が増えれば、実現するもの。

❷ ①旦那 ②艶 ③塀 ④駄賃

—考え方—

❶ (1) シュイションを慕うホンルの言葉を聞いて、自分とルントウのように距離が遠くならないように、隔絶することがないようにと思っている。
(2) 幼い頃のルントウは、すいか畑でチャーをつかまえる、「私」の憧れの存在だったのである。
(3) 続く二文に着目する。ここにある「高い壁」とは、故郷や故郷の人々と自分との間にある大きな隔たりのことである。
(4) 「若い世代」に願わないこととして、「むだの積み重ねで魂をすり減らす生活」「打ちひしがれて心が麻痺《ひ》する生活」「やけを起こして野放図に走る生活」の三つを挙げた後に、「希望」という言葉を使って「若い世代」に願う生活を述べている。
(5) 「私のいう希望も、やはり手製の偶像にすぎぬのではないか」に着目する。偶像とは、ここでは、独りよがりに価値があると信じているもの、といった意味であることを押さえよう。「私」は、ルントウの独りよがりな偶像崇拝を心の中で笑っていたが、ふと「私」の希望も、「私」だけが価値があると信じている独りよがりなものではないかと気づいたのである。
(6) 「もともと地上には……道になるのだ。」に着目する。「歩く人が多くなれば、それが道になる」ように、「希望」も、それを願う人が多くなれば現実として現れる（＝実現する）ということが似ているのである。「多くの人が願えば現実になる」なども可。

言葉2 慣用句・ことわざ・故事成語（故郷〜言葉2）

32〜33ページ Step 2

❶ ①さる ②こま ③こけつ ④ご ⑤さげす ⑥ゆ ⑦さいふ ⑧あざけ ⑨かんせい ⑩しんせき ⑪つ ⑫した ⑬さび ⑭へだ ⑮かいがら

❷ ①麻 ②吟味 ③遠慮 ④紺 ⑤雇 ⑥艶 ⑦溺愛 ⑧畜生 ⑨塀 ⑩塗 ⑪貧乏 ⑫駄賃 ⑬旦那 ⑭崇拝 ⑮乏

❸ (1) ①ウ ②ア ③イ
(2) ①肩 ②腕 ③目・鼻（完答） ④耳 ⑤手・足（完答）
(3) ①イ ②ア ③ウ
(4) ①エ ②オ ③ウ ④ア ⑤イ

—考え方—

❸ (1) ①「棚に上げる」は、自分に都合の悪いことは知らん顔をすること。
②「猫の手も借りたい」は、つまらないものでもいいから、手伝ってほしいということ。
③「後釜にすわる」は、前の人の地位につくこと。
(2) ①「肩の荷が下りる」は、重責から解放されてほっとすること。
②「腕が上がる」は、能力や技術が上達すること。
③「目から鼻へ抜ける」は、非常に頭が良いことを表す。
④「耳にたこができる」は、聞き飽きること。

⑤「手も足も出ない」は、無力でどうにもできないこと。

(3) ①「天に唾する」は、天に向かって唾を吐けば、自分へ戻ってくることに由来する。

②「三つ子の魂百まで」の「三つ子」は、三歳の子供のことで、幼い子供、という意味。

③「覆水」とは、ひっくり返した水のことを意味する。

(4) ①「推敲《すいこう》」は、詩の字句を「門を推《お》す」にするか「門を敲《たた》くか」にするかで、非常に迷ったことからできた言葉である。

②「温故知新」は、『論語』が基になった故事成語である。

③「蛇足」は、蛇に足を書き足したことから不要な付け足しのこと。

④「杞憂《きゆう》」は、中国の杞の人が天が落ちてこないかと心配したという故事から、無用な心配、取り越し苦労のことである。

⑤「呉越同舟」は、仲の悪い呉の国の人と越の国の人が同じ舟に乗り合わせたことからできた故事成語である。

漢字2　漢字の造語力（故郷～漢字に親しもう3）

34～35ページ　Step 2

❶ ①ぶじょく　②ぼんよう　③じしゅく　④ふよう　⑤しいてき　⑥しゅうち　⑦ゆうよ　⑧れいぞく　⑨ふんがい　⑩ひめん　⑪ぜんぞう　⑫しんらつ　⑬ごうけん　⑭かっとう　⑮ゆううつ

❷ ①普遍　②契約　③令嬢　④逮捕　⑤庶民　⑥消耗　⑦寮　⑧適宜　⑨褒　⑩天賦　⑪廃棄　⑫休憩　⑬鎮圧　⑭克服　⑮叙述

❸ (1) ①国民体育大会　②原子力発電所　③高等裁判所　④特別急行列車　⑤模擬試験　⑥短期大学　⑦衆議院議員総選挙　⑧国土交通省

(2) ①政令／指定／都市　②国家／安全／保障／会議　③北／大西洋／条約／機構

(3) ①カ　②エ　③イ　④ア　⑤オ　⑥ウ

(4) ①兼　②謙　③祝　④被　⑤与　⑥鈍

(5) ①イ　②ア　③ウ　④エ　⑤オ　⑥カ

考え方

❸ (1) 他に「国連（国際連合）」、「安保理（国連安全保障理事会）」なども覚えておきたい。「有休（有給休暇）」、「漢検（漢字検定）」、「電卓（電子卓上計算機）」など、日常的に使っている略語も多くある。

(2) 二字の熟語の組み合わせが多いが、「北大西洋」のように一字と三字などに分けられるものもある。

(3) 似た意味の言葉でも、微妙に言葉の指し示す範囲や意味合いが違うことは多い。また、「形見」のような和語は「遺品」のような漢語よりもやわらかい印象を与えるため、場面によっても使い分ける。

(4) 一字を変えて対になる対義語の組み合わせには、他に「赤字／黒字」「積極／消極」、「客観／主観」などがある。

(5) ②「勧善懲悪」は、善いものを勧め、悪を懲らしめること。

③「驚天動地」とは、天地が動くほど世間を非常に驚かせること。

人工知能との未来

36～37ページ　Step 1

❶ (1) 人工知能…膨大なデ～な計算力
人間　　…経験から～美意識」

(2) イ

(3) 人工知能が浸

(4) 人工知能か～とする発想

(5) どう判断するのか

(6) イ

考え方

❶ (2) 直前の「どこまで評価値の判断を参考にするかまで含めて、選択肢を考えていく」に着目する。

(3) この段落では、「人工知能が浸透する社会」での人工知能との付き合い方について考察している。

(4) 「将棋ソフトは」で始まる一文から、「人間が考えもしない手を指す」ことが人間に与えるよい効果を読み取る。

(6) 続く部分の「そこ」の内容を捉える。「人工知能が学習するいっぽうで、人間の側も人工知能から学ぶ」というように、人工知能の良い部分を伸ばし、それを利用して人間もさらに進歩していくことが求められる。

人間と人工知能と創造性

38〜39ページ Step❶

❶ (1) ウ (2) もってい (3) 評価 (4) ア (5) さまざま〜養うこと

考え方

❶ (2) 人間とコンピュータの発想力の違いを捉える。人間の思いつきが「もっている知識やそれまでの経験に影響を受けてしまう」ために偏りが生じるのに対し、コンピュータはこうした知識や経験に縛られないため、偏りのないものを生み出すことができる。

(3) 続く部分で、「たくさんの候補の中から見込みのありそうなものだけを選び出す作業のことを『評価』とよぶ」と述べている。

(5) 進歩する人工知能を生かすために人間に求められることは何なのかが、これに続く部分で述べられている。

人工知能との未来／人間と人工知能と創造性

40〜41ページ Step❷

❶ (1) 例 人工知能にどのように対応するかを考える方が現実的だから。

(2) 例 自分の視座が変わるような見方。

例 セカンドオピニオン。

例 自分の思考の幅を広げること。（順不同・完答）

(3) 例 人間のような創造性をもたないから。

(4) 例 アイデアをたくさん出すこと。

(5) ア

(6) A例 新たな思考や物の見方をつむいでいくこと。

B例 人工知能と協力して創作することで、新しい価値を見出すこと。

❷ ① 環境 ② 膨大 ③ 範囲 ④ 影響

考え方

❶ (1) 人工知能が浸透しているからこそ、それを仮想敵と見なすよりも、対応方法を考えていく方が現実的だと述べられている。

(2) 「うまく活用すれば……大きな力となる」に着目する。これに続く部分で、どのような力になるかが具体的に述べられている。

(3) 「この評価」とは、「たくさんの候補の中から見込みのありそうなものだけを選び出す作業」のこと。人間は見込みがありそうなものを無意識に選ぶ「創造性」をもっているが、コンピュータにはこれがないのである。

(4) 続く部分で、具体的にどのように得意なことをいかしていけばよいかが示されている。創造的な活動において、コンピュータに求められるのは「アイデアをたくさん出」すことである。

(5) 私たちは、人工知能（コンピュータ）を敵視したり、全面的に判断を委ねてしまったりしがちである。しかし、いずれの文章でも、お互いの得意なことを見きわめてうまく付き合っていくことが大切だと述べている。

(6) [A]の文章では、「人工知能から新たな思考やものの見方をつむいでいこうとする発想」を勧めている。一方、[B]の文章では、「人間と人工知能が協力して創作することで、新しい価値を生み出すこと」を勧めている。[A]は「自分の視座が変わるような見方を得ること」、[B]は「共同して新しい価値を生み出すこと」なども可。

初恋

42〜43ページ　Step 2

❶ (1) エ
(2) 例 二人の出会い。
(3) 君
(4) イ
(5) 例 二人が林檎畠に通うことでできた細道について、わざと「誰が踏み始めたのでしょう」と尋ねたから。
(6) 林檎畠の〜かたみぞ
(7) 11・12（完答）
(8) 例 ういういしくいちずな恋の始まりと、その思いが満たされたことの喜び。

❷ ①響　②初恋　③前髪　④誰

―考え方―

❶ (1) 七五調の詩で、「あたへし」「酌《く》みしかな」のように、昔の言葉遣いで書かれている。
(2) 第一連では、前髪に花櫛《はなぐし》をさした「君」に、初めて会った日のことが書かれている。
(3) 「われ」が初恋をした「君」のことである。
(4) 「おのづからなる」は、「自然とできた」という意味。二人が会うために何度も林檎《りんご》の木の下に通ったことで、自然と細道ができたのである。
(5) 二人が会うために通ったことで道ができたことを「君」も分かっているのに、わざと聞いてきたことを「こひし」と思っている。
(6) 「君」が「われ」に問いかけた言葉である。
(7) 「たのしき恋の盃《さかずき》を／君が情《なさけ》に酌みし」は、二人の恋の成就を表現している。
(8) この詩では、「初恋」という題名にふさわしい、ういういしい恋の始まりが描かれている。

和歌の世界／古今《こきん》和歌集 仮名序

44〜45ページ　Step 1

❶ (1) ①紀貫之　②種…人の心　葉…やまとうた
(2) a よろず　b あわれ
(3) 鶯　蛙（順不同）
(4) ウ
(5) ・力ひとつ入れずに天地の神々の心を動かす（効用。）
・目に見えないもろもろの精霊たちをしみじみとさせる（効用。）
・男女の仲を親しいものとする（効用。）
・勇猛な武人の心を和らげる（効用。）　（順不同）

―考え方―

❶ (1) 紀貫之《きのつらゆき》は、「古今和歌集」の撰者《せんじゃ》の一人であり、代表歌人でもあった人物である。
(3) 仮名序の中から、生き物の名を抜き出す。
(4) 前に述べた鶯《うぐいす》や蛙《かえる》など、「生きとし生けるもの」について、「どれが歌を詠まないだろうか（いや、すべてのものが歌を詠むのだ）」と言っている。

君待つと——万葉・古今《こきん》・新古今

46〜47ページ Step 1

❶ (1) ①君 ②秋の風
(2) ①ア ②係り結び（の法則）
(3) ウ
(4) ウ
(5) イ
(6) 柳かげ

—考え方—

❶ (2) ①富士山の神々しさを賛美し、そのすばらしさを「語り継ぎ　言ひ継ぎ行かむ」と言っている。
②「そ」によって結びの助動詞が「けり」から「ける」に変化している。
(4) 「防人歌《さきもりのうた》」とは、九州の防衛のために派遣された兵士が詠んだ歌のことである。
(6) 夏の歌である。清水が流れる道の柳のかげがあまりにも心地よく、「少しだけ」と思って立ち止まっていたら、思わず長居してしまった、ということ。

君待つと——万葉・古今《こきん》・新古今

48〜49ページ Step 2

❶ (1) A・D・G
(2) イ
(3) 多摩川にさらす手作り
(4) 例 秋が来たとはっと気づかされた。
(5) E 助詞…ぞ　結び…ぬる　F 助詞…や　結び…らむ
(6) ① F
② B
(7) 例 心が弱って、秘密の恋を隠しておくことが苦しいから。

❷ ①恋 ②吹 ③隠 ④柳

—考え方—

❶ (2) (1) それぞれ「香具《かぐ》山」、「吉事《よごと》」、「夕暮《ゆふぐれ》」で終わっている。
(2) 下の句の「衣干したり天《あめ》の香具山」に着目する。天の香具山に白い衣が干してある光景を見て、「夏が来たのだなあ」と感じている。
(3) 「序詞《じょことば》」とは、ある特定の語句を導く語で、枕詞《まくらことば》が五字であるのに対して、もっと長い言葉である。
(4) 「おどろく」は、ここでは「びっくりする」という意味ではなく、「気づく」ことである。
(5) 係助詞には「ぞ・なむ・や・か・こそ」があり、これがあると結びの語が終止形から連体形や已然《いぜん》形に変わる。
(6) ①いとしい人の夢を見たが、「夢だとわかっていたら目覚めなかったのに」と、目が覚めたことを悲しく思っている。
②東の野に日の出の光が見える一方で、振り返ると月が沈んでいくのが見える。大きな光景を詠んだ歌である。
(7) 「忍ぶること」とは、秘めた恋を隠すことに耐えていること。こんな心が弱って恋心が隠しきれなくなる前に、命が絶えてしまえばいい、と詠んでいる。

夏草——「おくのほそ道」から

50〜51ページ Step 1

❶ (1) A 永遠　B 旅人（のようなもの）
(2) ②船頭 ③馬子
(3) 漂泊の思ひ
(4) そぞろ神の物につきて
(5) 股引の破〜を据える
(6) ①季語…雛　季節…春　②春立てる霞の空
③イ

―考え方―

❶ (1)「百代」は永遠、「過客」は旅人を意味する。芭蕉《ばしょう》は、月日も、そこを生きる人も、旅人のようであると述べている。

(2)「日々旅にして旅をすみかとす」人として、船頭と馬子が挙げられている。

(3) あてのない旅に出たい、という気持ちが抑えられなくなっている。

(4)「道祖神」と「そぞろ神」、「招きにあひて」と「物につきて」が対になっている。

(6) ①「雛」は雛人形のことで、春の季語である。

②「去年の秋」から「やや年も暮れ」、「春立てる霞の空」になるまでの月日の移り変わりが描かれているので、ここから春の情景を描写した部分を抜き出す。

夏草――「おくのほそ道」から

52〜53ページ Step❷

❶ (1) 例 藤原三代の栄華が、はかなく消え果ててしまったこと。

(2) ① 例 国や城　② 例 破壊　③ 例 自然　④ 例 茂って

(3) 例 いつまでも続いていく自然に対して、人間の営みのはかなさに感じ入ったから。

(4) や

(5) ① 季語…卯の花　季節…夏　② 兼房の白髪

(6) 例 以前から話に聞いて驚嘆していた

(7) 玉の扉風に破れ

(8) 例 五月雨も降り残したように、時を超えて変わらない美しさを保ち続ける光堂に対する感動。

❷ ① 別荘　② 生涯　③ 招　④ 繕

―考え方―

❶ (1)「一睡のうちにして」は、はかなく消えて、の意。

(2)「国」（＝人間の営み）と「自然」が対比されている。

(3) 直前で示された漢詩の一節との関係を考える。変わらない自然に対し、一度は栄光を極めた人間の営みがもろく崩れ去ってしまったことに、人間のはかなさを感じ、心を動かされている。

(4)「や」という切れ字のある、初句切れの句である。

(5)「卯の花」は初夏に咲く白い花である。その白い花から、兼房《かねふさ》の白髪《しらが》を連想したのである。

(6)「耳驚かす」は、聞いて驚くの意。

(7)「玉の扉」と「金の柱」、「風に破れ」と「霜雪《そうせつ》に朽ちて」が対等に並んでいる。

(8) 人間のはかなさに涙していた作者だが、光堂が雨に朽ちることもなく美しい姿を保ち続けていることに感動している。

古典名句・名言集

54〜55ページ Step❶

❶ (1) a つついづつ　b わらうことなかれ

(2) イ

(3) 秋の夕暮

(4) ① あなたを見ない　② 私の背　③ 井戸の枠

(5) 而

(6) 大器晩成

(7) 七言絶句

(8) 酔 臥ニ 沙 場一 君 莫レ 笑

―考え方―

❶ (1) a「ゐ」は「い」に直す。B「ふ」は「う」に直す。

(4) 幼なじみとの恋愛を詠んだ歌である。「子供の頃に井戸の枠と比べていた自分の背も、あなたに会わないうちにその高さを越してしまった」という意味で、大人になったことを相手に告げ、求婚している。

(5) 書き下し文の中に出てこない漢字を探す。「不」のように、書き下し文では平仮名にする字もあるので注意する。
(6) 大人物は、大成して世の中に出てくるまでに時間がかかる、という意味の故事成語である。
(7) 「七言」は、一行が七字からなる詩のこと。また、四行からなるので「絶句」である。

誰かの代わりに

56～57ページ Step 1

❶ (1) 大きな自由・しんどさ
(2) ウ
(3) ア
(4) 無条件の肯定
(5) 自分の存～てしまう

―考え方―

❶ (1) 次の段落が、「その理由として…」で始まっていることに着目する。自由が保障されている社会だからこそ、自分で選び取らなければならないというしんどさを抱えているということである。
(3) 直前の「その」の内容を前の段落から捉える。「こんな私でも、ここにいていいのだろうか。」という切ない問いを抱えることが「苦しい」のである。
(4) 〈できるから認められる〉とか〈できなければ認められない〉といった条件がなくても、自分を認めてくれる人、ということ。

誰かの代わりに

58～59ページ Step 2

❶ (1) 人生で～な問題
(2) ア
(3) 例 誰も独りでは生きられないから。
(4) 例 誰かの代わりに支える側に回るという意識をもつこと。
(5) ①応える能力
② 例 訴えや呼びかけに応じ合う協同の感覚で、社会の基本となるもの。
(6) 例 人と支え合い、人の訴えや呼びかけに応じ合うこと。

❷ ①哲学 ②超 ③肯定 ④陥

―考え方―

❶ (1) 直前の文に着目。何を「引き受ける」強さなのかを考える。
(2) 「自立」＝支え合い、に当てはまらないものである。
(3) 次の段落で、筆者は「誰も独りでは生きられ」ないと述べ、その例を挙げている。
(4) 直前の「これ」の指すものを押さえ、設問に合うように答える。
(5) ①「リスポンド」（応える）＋「アビリティ」（能力）である。
②最後の二文に着目。「責任」とは、「協同の感覚」であり、「社会の基本となるべき感覚」なのである。
(6) 「自立」＝支え合い、「責任」＝訴えや呼びかけに応じ合う、この二つの意味を押さえてまとめること。

漢字3 漢字のまとめ（人工知能との未来～漢字に親しもう5）

60～61ページ Step 2

❶ ①こうがい ②どんよく ③しゅうわい ④えつらく ⑤いろう ⑥ふほう ⑦せんさく ⑧だんがい ⑨ぞうげ ⑩しっと ⑪しゅんしゅう ⑫とうと（たっと） ⑬きゅうじょう ⑭かどで ⑮あや

❷ ①追悼 ②措置 ③湖畔 ④炎 ⑤惰眠 ⑥亜熱帯 ⑦勾配 ⑧旋回 ⑨朗詠 ⑩苦杯 ⑪犠牲 ⑫麓 ⑬怨念 ⑭長唄 ⑮尻

❸ (1) ①ウ ②エ ③イ ④ア
(2) ①イ ②ア ③ア ④ア

(3) ①エ ②ア ③ウ ④イ
(4) ①ウ ②ア ③エ ④イ
(5) ①A薦 B勧 ②A躍 B踊
③A荒 B粗 ④A犯 B侵（各完答）

考え方

❸ (1) ①かねへん。金属に関係する。
②ころもへん。衣服に関係する。
③ごんべん。言語に関係する。
④こざとへん。村や里に関係する。
(2) ①「轄」には「物事をとりまとめる」という意味がある。
②「弊」は「語弊」「弊害」、「幣」は「貨幣」「紙幣」などに用いる。
③「胎教」とは母の胎内にいる子供のために行う教育のこと。
④「褐色」は黒ずんだ茶色のこと。
(3) ①「茶釜（チャがま）」は音＋訓の重箱読み。
②「網元（あみもと）」はどちらも訓読み。
③「株価（かぶカ）」は訓＋音の湯桶《ゆとう》読み。
④「悲鳴（ヒメイ）」はどちらも音読み。
(4) ①「無我夢中」は、我を忘れるほど必死になること。
②「五里霧中」は、見通しや方針が立たないこと。①との漢字の使い分けに注意する。
③「一進一退」は、進んだり戻ったりを繰り返すこと。
④「一心同体」は、心も体も一つに感じるような、強いつながり。
(5) ①「勧める」は行動を、「薦める」は物を、良いとうながすこと。
②「踊る」はダンスを表す。「躍る」は飛びはねたり、激しく動いたりすること。
③「荒い」は勢いがあること、「粗い」はつくりがおおざっぱであること。
④「犯す」は罪や過ち、「侵す」は権利や領土。他に「冒す」もある。

文法への扉2 「ない」の違いがわからない？（人工知能との未来～紛争地の看護師）

62～63ページ Step 2

❶ ①ざんてい ②せいふく ③たんれん ④ざぜん
⑤かばしら ⑥こきん ⑦かわらばん ⑧ころも
⑨たてつぼ ⑩ほうがく ⑪そぞう ⑫しっつい ⑬だらく
⑭かきね ⑮せきひ

❷ ①鼻緒 ②桟橋 ③詐欺 ④初恋 ⑤融合 ⑥畏怖 ⑦玩具
⑧別荘 ⑨朱色 ⑩柿 ⑪是非 ⑫凄惨 ⑬一張羅 ⑭翻弄
⑮辞

❸ (1) ①a 4 b 8 ②a 6 b 11
(2) ①エ ②ア ③ウ ④イ
(3) ①カ ②エ ③イ ④ア ⑤キ ⑥オ ⑦ウ ⑧ク
(4) ①b・オ ②e・ア ③ウ ④イ（①・②は各完答）

考え方

❸ (1) 文節は必ず自立語で始まり、一つの文節には必ず一つの自立語が含まれることに注意する。また、活用のある言葉を単語に分ける場合、未然形・連用形・仮定形には他の単語が結びついていることが多い。
(2) ①並立の関係にある文節は、入れかえることができる。
②主語は「…が（は）」という形であるとは限らない。ここでは、「反対した」のは「妹」である。
③「みる」は動詞としての「見る」という意味をもたない、補助動詞である。
④「眺めた」という用言を修飾している。
(3) ②「せまい」は終止形が「い」で終わるので、形容詞である。
⑥「いろいろな」は「いろいろだ」にすることができるので、形容動詞である。
(4) 活用の種類は、動詞に「ない」をつけることで確認することができる。「ない」の直前がア段なら五段活用、イ段なら上一段活用、

エ段なら下一段活用である。特別な活用をする「する」「〇〇する」(サ行変格活用)と、「来る」(カ行変格活用)にも注意する。

温かいスープ

64〜65ページ　Step 1

❶ (1) ①金詰まりの状態　②例 無理につくった明るい顔。
(2) ウ
(3) ア
(4) ①イ　②お客の注文を間違えた・雹・スープ・優しい瞳

—考え方—
❶ (1) ①貧しいと思われたくなかったということである。これを意味する、指定字数に合う言葉を探す。
②恥ずかしさを隠すため、無理に平気なふりをしていたのである。
(4) ①「私」が恥ずかしい思いをせずに、スープを受け取れるようにするためである。
②小さな店で、他に取り違えるようなお客もいないことはすぐにわかる。お母さんの「優しい瞳」を見て、なぜこのように言ったのかを理解したのである。

温かいスープ

66〜67ページ　Step 2

❶ (1) 貧しい
(2) 例 スープをあげることで私がみじめな気持ちにならないように、気遣いをしてくれたから。
(3) 例 お店の人の優しさが、寒くてひもじかった私にはとてもありがたいものだったから。
(4) 無償の愛
(5) ①流れる〜大きさ
②例 一人一人の平凡な日常の中で、相手に求めるところのない隣人愛として示していくこと。

❷ ①降伏　②嫌　③謙虚　④雰囲気

—考え方—
❶ (1) 筆者はパリで貧しい生活を送っていたため、オムレツ以外のものを注文することができなかったのである。
(2) かわいそうだからスープを施したのだと受け取って、「私」がみじめな気持ちにならないように気遣ってくれたのである。
(3) 直前に「寒くてひもじかった私に、……ありがたかった」とあることに着目する。感謝と感激で、「私」は涙ぐんでいる。
(4) 「相手の立場を思いやる優しさ、お互いが人類の仲間であるという自覚」の典型として、「無償の愛」を挙げている。
(5) ①筆者は、国際性の基本は「流れるような外国語の能力やきらびやかな学芸の才気や事業のスケールの大きさ」ではないと述べている。
②直前の「これ」の指し示す内容を捉える。

わたしを束ねないで

68〜69ページ　Step 2

❶ (1) イ
(2) イ
(3) ①エ　②ウ　③ア
(4) 例 世間によって作られた人間像という枠。
(5) 例 決まった型や考え方に縛られることなく、自分の思うように伸びやかに、力強く生きる生き方。

❷ ①稲穂　②焦　③昆虫　④薄

—考え方—
❶ (1) 二〜三行目に着目する。一束にされてしまう「あらせいとうの花」や「白い葱《ねぎ》」のように他の人たちと一くくりにされることを否定

し、「わたし」は見渡すかぎり金色に輝く稲穂のように、豊かな実りのある存在だと主張している。
(2)「標本箱」「絵葉書《えはがき》」から考える。共に、ある場所に留めおかれるものである。
(3)「日常性に薄められた牛乳」や「ぬるい酒」とは、それ本来のうまみを損なった、味気ないものの比喩。そして、「注《つ》がないで」とは、形のあるものに注ぐことで、広がりを奪ってしまうこと、つまり「わたし」を広がりのない枠（型）にはめこむことを否定しているのである。「わたし」の隠喩として表現されている「海」は、それとは真逆にあるものである。
(4)「娘」「妻」「母」という名で世間から期待される昔ながらの女性像に対して、「わたし」は、そんな世間の作った像に当てはめられることなく、一人の人間として生きたいと望んでいる。
(5)各連の前半では、「わたしを……ないで」と、「わたし」の生き方を否定しようとするものが表現され、後半では、こうありたいと望む生き方が表現されている。そのことを押さえて読むと、「わたし」が何かの枠にはめられることを否定し、大きく、伸びやかに、力強く生きていきたいと望んでいることがわかる。

三年間の歩みを振り返ろう（わたしを束ねないで～本文で扱っていない常用漢字）

70～71ページ Step 2

❶ ①おうひ ②しゃくい ③しょうちょく ④いなほ ⑤ちゃくし ⑥かんせん ⑦なんばん ⑧だいかんみんこく ⑨どうけい（しょうけい） ⑩かくせい ⑪しょうちゅう ⑫かんてい ⑬じゅんし ⑭きゅうせい ⑮しゃめん

❷ ①毀損 ②刹那 ③元帥 ④昆虫 ⑤捕虜 ⑥盲目 ⑦食糧 ⑧貝塚 ⑨失踪 ⑩妖精 ⑪瑠璃 ⑫弥生 ⑬儒教 ⑭拷問 ⑮妊娠

❸ (1) ①ク ②ウ ③カ ④ア ⑤オ ⑥エ ⑦コ ⑧キ ⑨イ ⑩ケ
(2) ①Aア Bア ②Aイ Bイ ③Aエ Bカ
(3) ①C ②A ③B ④C
(4) ①ケ ②ア ③エ ④カ ⑤ウ ⑥オ ⑦ク ⑧コ

考え方

❸ (1)それぞれの品詞の性質をしっかりと確認する。
(2)動詞の活用の種類は、動詞に「ない」をつけて見分ける。「ない」のすぐ上がア段なら五段活用、イ段なら上一段活用、エ段なら下一段活用である。
(3)①「春」という名詞に断定の助動詞「だ」が接続している。
④自立語で活用がなく体言を修飾する連体詞。
(4)①「……ないようにしよう」と言い換えることができる。
②推定の場合、「崩れそうだ」となる。
④「自然とそうされる」という意味を表す。

漢字に親しもう6

72ページ Step 2

❶ (1) ①Aウ Bイ Cア ②Aア Bウ Cイ (2) ①ウ ②ウ ③イ

❷ (1) ①甚だしい ②賜る ③遡る ④畏れる ⑤慰める ⑥賄う

❸ (1) ①意図 ②敬服 ③欠点 ④賛成
(2) ①客 ②異 ③韻 ④偶

考え方

❶ (1)①「納税」「統治」「収束」などの熟語をもとに考える。
②「犯罪」「侵略」「冒険」などの熟語をもとに考える。
(2)①「普遍」は、「広く行き渡っている」という意味。
②「対象」は、目標・相手という意味。

❷ (1)①「しい」がつく形容詞は「しい」を送る場合が多いが、「甚だ」という副詞と合わせるため「だ」から送ることに注意。

❸ (1)同義語・類義語は言葉によって微妙に意味が違う場合もある。
(2)一字が対になっている対義語は、組で覚えておきたい。

テスト前 ☑ やることチェック表

① まずはテストの目標をたてよう。頑張ったら達成できそうなちょっと上のレベルを目指そう。
② 次にやることを書こう（「ズバリ英語〇ページ，数学〇ページ」など）。
③ やり終えたら□に✓を入れよう。
最初に完ぺきな計画をたてる必要はなく，まずは数日分の計画をつくって，
その後追加・修正していっても良いね。

目標

	日付	やること 1	やること 2
2週間前	/	□	□
	/	□	□
	/	□	□
	/	□	□
	/	□	□
	/	□	□
	/	□	□
1週間前	/	□	□
	/	□	□
	/	□	□
	/	□	□
	/	□	□
	/	□	□
	/	□	□
テスト期間	/	□	□
	/	□	□
	/	□	□
	/	□	□
	/	□	□

QRコードのページに登録すると，「ぴたリンク」からも表をダウンロードできるよ

テスト前 ☑ やることチェック表

① まずはテストの目標をたてよう。頑張ったら達成できそうなちょっと上のレベルを目指そう。
② 次にやることを書こう（「ズバリ英語〇ページ，数学〇ページ」など）。
③ やり終えたら☐に✔を入れよう。
最初に完ぺきな計画をたてる必要はなく，まずは数日分の計画をつくって，
その後追加・修正していっても良いね。

目標

	日付	やること 1	やること 2
2週間前	／	☐	☐
	／	☐	☐
	／	☐	☐
	／	☐	☐
	／	☐	☐
	／	☐	☐
	／	☐	☐
1週間前	／	☐	☐
	／	☐	☐
	／	☐	☐
	／	☐	☐
	／	☐	☐
	／	☐	☐
	／	☐	☐
テスト期間	／	☐	☐
	／	☐	☐
	／	☐	☐
	／	☐	☐
	／	☐	☐

QRコードのページに登録すると，「ぴたリンク」からも表をダウンロードできるよ

キリトリ線

ズバリよくでる 直前

チェックBOOK

漢字の読み書き・文法重要事項に完全対応!

国語

光村図書版

3年

新しく習った漢字

握手　教p.14~25

洗濯物を干す。（せんたく）
高価な代物。（しろもの）
穏やかな顔。（おだ）
鶏舎の手入れ。（けいしゃ）
爪が割れる。（つめ）
開墾した畑。（かいこん）
監督に従う。（かんとく）
帝国を築く。（ていこく）
泥遊びをする。（どろ）
傲慢な態度。（ごうまん）
遺失物を捜す。（さが）
分割で払う。（ぶんかつ）
冗談を言う。（じょうだん）
祖父の遺言。（ゆいごん）
姓名を問う。（せいめい）
一周忌の法要。（いっしゅうき）
腫瘍ができる。（しゅよう）
葬式を行う。（そうしき）

情報の信頼性　教p.32~33

匿名の投書。（とくめい）

漢字1　熟語の読み方　教p.38~39

部屋の整頓。（せいとん）
鳥獣の観察。（ちょうじゅう）
頒布した資料。（はんぷ）
長袖のシャツ。（ながそで）
外堀を埋める。（そとぼり）
枕元に座る。（まくらもと）
茶釜の湯。（ちゃがま）
両脇を支える。（りょうわき）
別棟を建てる。（べつむね）
枠内に書く。（わくない）
峡谷の探検。（きょうこく）
藍色に染める。（あいいろ）
浅瀬で遊ぶ。（あさせ）
見事な錦絵。（にしきえ）
純粋な物質。（じゅんすい）

テストでまちがえやすい漢字

黒い瞳の少女。（ひとみ）
王に謁見する。（えっけん）
白い繭玉。（まゆだま）
錠前を破る。（じょうまえ）
重症の患者。（かんじゃ）
碁石を並べる。（ごいし）
甲乙をつける。（こうおつ）
冶金の技術。（やきん）
硫酸は劇薬だ。（りゅうさん）
干潟が広がる。（ひがた）
美しい反物。（たんもの）

漢字に親しもう1　教p.40

報酬をもらう。（ほうしゅう）
案を却下する。（きゃっか）
派閥に属する。（はばつ）
損害の賠償。（ばいしょう）
管轄する地域。（かんかつ）
価格の高騰。（こうとう）

深山幽谷（ゆうこく）
換骨奪胎（だったい）
情状酌量（しゃくりょう）
音沙汰がない。（さた）
ズバッ 漏電を防ぐ。（ろうでん）
道路の側溝。（そっこう）
洪水の被害。（こうずい）
包丁を研ぐ。（と）
気分を損ねる。（そこ）
己を省みる。（おのれ）
公の場に出る。（おおやけ）
見初めた人。（そ）

作られた「物語」を超えて　教 p.42〜49

凶暴な動物。（きょうぼう）
銃を撃つ。（じゅう）
勇壮な武者姿。（ゆうそう）
悲惨な結末。（ひさん）
欧米に行く。（おうべい）

鎖をつける。（くさり）
ズバッ 誇張した表現。（こちょう）
ズバッ 地域間の紛争。（ふんそう）
考えを巡らす。（めぐ）
人が行き交う。（か）

漢字に親しもう2　教 p.60

市内の某所。（ぼうしょ）
洗剤が泡立つ。（あわ）
ズバッ 親睦を深める。（しんぼく）
同僚と話す。（どうりょう）
雑巾を絞る。（ぞうきん）
臭いを消す。（にお）
水槽の金魚。（すいそう）
ズバッ 懇談の日程。（こんだん）
初志の貫徹。（かんてつ）
ズバッ 倹約に努める。（けんやく）
舶来の人形。（はくらい）
探偵の事務所。（たんてい）

僧侶になる。（そうりょ）
作品の模倣。（もほう）
事件の発端。（ほったん）
宗家の長男。（そうけ）
寿命が縮む。（じゅみょう）
実兄は教師だ。（じっけい）
土《と》佐《さ》藩《はん》の石高。（こくだか）

報道文を比較して読もう　教 p.64〜68

表彰式に出る。（ひょうしょう）
二月の上旬。（じょうじゅん）
ズバッ 推薦を受ける。（すいせん）
長い拘束時間。（こうそく）
待遇が良い。（たいぐう）
准教授の授業。（じゅん）
会に貢献する。（こうけん）
ズバッ 懐疑的な考え。（かいぎてき）
口語訳の併記。（へいき）
多岐に渡る。（たき）

テストでまちがえやすい漢字

俳句の可能性　教 p.70〜73

地に膝をつく。（ひざ）
軽やかな気分。（かろ）

言葉1　和語・漢語・外来語　教 p.78〜79

侍に憧れる。（さむらい）
宵の明星。（よい）
深い滝つぼ。（たき）
桑畑に入る。（くわばたけ）
訴訟を起こす。（そしょう）
債権の放棄。（さいけん）
来期の年俸。（ねんぽう）
破綻した理論。（はたん）
事実の隠蔽。（いんぺい）
進捗の確認。（しんちょく）
卸売りの価格。（おろしう）

「私の一冊」を探しにいこう　教 p.82〜87

急に空が曇る。（くも）
嵐が近づく。（あらし）
臭いを嗅ぐ。（か）
鍵盤をたたく。（けんばん）
水が渦を巻く。（うず）
鋼のような体。（はがね）

故郷　教 p.98〜113

閑静な住宅地。（かんせい）
紺碧《べき》の空。（こん）
職人を雇う。（やと）
艶がある肌。（つや）
孫を溺愛する。（できあい）
縄を結わえる。（ゆ）
畜生と叫ぶ。（ちくしょう）
塀を巡らす。（へい）
ペンキを塗る。（ぬ）
貧乏な生活。（びんぼう）
財布に入れる。（さいふ）
駄賃を支払う。（だちん）
旦那様の命令。（だんなさま）
先輩を慕う。（した）
感覚の麻痺《ひ》。（ま）
崇拝する人物。（すうはい）

言葉2　慣用句・ことわざ・故事成語　教 p.117〜118

猿まねをする。（さる）
駒を並べる。（こま）
虎穴に入る。（こけつ）
呉越同舟（ごえつ）

漢字2　漢字の造語力　教 p.119〜121

普遍的な事実。（ふへん）
契約を結ぶ。（けいやく）
執行の猶予。（ゆうよ）
廃棄する食品。（はいき）
歌舞伎の役者。（かぶき）
休憩を取る。（きゅうけい）

力を消耗する。（しょうもう）
隷属を強いる。（れいぞく）
克明な描写。（こくめい）
甚だしい誤解。（はなは）
兄を侮辱する。（ぶじょく）
父が憤慨する。（ふんがい）
凡庸な才能。（ぼんよう）
国からの放逐。（ほうちく）
庶民の生活。（しょみん）
会社の不祥事。（ふしょうじ）
裁判官の罷免。（ひめん）
乱を鎮圧する。（ちんあつ）
漸増する人口。（ぜんぞう）
隆起した島。（りゅうき）
有名な叙情詩。（じょじょう）
逮捕状をとる。（たいほ）
旧家の令嬢。（れいじょう）
政治の中枢。（ちゅうすう）
和洋折衷の家。（せっちゅう）

綱紀の粛正。（しゅくせい）
剛健さを誇る。（ごうけん）
戸籍謄本（とうほん）
未曽有の事故。（みぞう）
話題に上せる。（のぼ）
静脈の注射。（じょうみゃく）
机上の空論。（きじょう）
胸算用をする。（むなざんよう）
大きな蔵。（くら）
毒舌な友人。（どくぜつ）
耳目を集める。（じもく）
弟に面目を保つ。（めんぼく）
値千金の風景。（あたい）
助太刀《だち》をする。（すけ）

漢字に親しもう3 教 p.122

閉塞感がある。（へいそく）
心の中の葛藤。（かっとう）
辛辣な一言。（しんらつ）

憂鬱な朝。（ゆううつ）
相手を褒める。（ほ）
恣意的な行動。（しいてき）
羞恥心を持つ。（しゅうち）
意匠を凝らす。（いしょう）
天賦の才能。（てんぷ）
子を扶養する。（ふよう）
寡黙な社員。（かもく）
適宜参照する。（てきぎ）
学生寮に住む。（りょう）
劇団の主宰者。（しゅさい）
滋養をつける。（じよう）
才媛が集う。（さいえん）
縄文時代の文化。（じょうもん）

人工知能との未来 教 p.124～125

囲碁の棋士。（きし）

漢字に親しもう4　教p.134

- 褐色の髪。（かっしょく）
- 湖畔のホテル。（こはん）
- 炎が立ち上る。（ほのお）
- 脊椎の手術。（せきつい）
- 亜熱帯の気候。（あねったい）
- 急勾配の坂。（こうばい）
- 鳥が旋回する。（せんかい）
- 富士の山麓。（さんろく）
- 苦杯を喫する。（くはい）
- 詩の詠唱。（えいしょう）
- 郷愁を覚える。（きょうしゅう）
- 哀悼の意。（あいとう）
- 怠惰な生活。（たいだ）
- 戦慄が走る。（せんりつ）
- 子守りをする。（こも）
- きれいな声色。（こわいろ）
- 古代の岩室。（いわむろ）
- 耳鼻科に通う。（じびか）
- 迷路の絵本。（めいろ）

初恋　教p.140〜141

- 初恋の相手。（はつこい）

君待つと ―万葉・古今・新古今　教p.148〜153

- 古今和歌集（こきん）
- 天女の衣。（ころも）
- 貴い存在。（とうと）（たっと）
- 鼻緒が切れる。（はなお）

夏草 ―「おくのほそ道」から　教p.154〜161

- 別荘を借りる。（べっそう）
- 門出を祝う。（かどで）

誰かの代わりに　教p.166〜171

- 命が危うい。（あや）

漢字3　漢字のまとめ　教p.174〜175

- 梗概を話す。（こうがい）
- 橋桁が壊れる。（はしげた）
- 桟橋を渡る。（さんばし）
- 貪欲な挑戦。（どんよく）
- 収賄の容疑。（しゅうわい）
- 悦楽にひたる。（えつらく）
- 強い怨念。（おんねん）
- 慰労会を開く。（いろう）
- 詐欺への警戒。（さぎ）
- 訃報が届く。（ふほう）
- 詮索好きな人。（せんさく）
- 犠牲者が出る。（ぎせい）
- 失政の弾劾。（だんがい）
- 炭坑で働く。（たんこう）
- 象牙の置物。（ぞうげ）
- 融点が高い。（ゆうてん）
- 友に嫉妬する。（しっと）
- 暴君を畏れる。（おそ）

王より賜る。（たまわ）
時代を遡る。（さかのぼ）
長唄を聴く。（ながうた）
窮状を訴える。（きゅうじょう）
汚職の糾弾。（きゅうだん）
玩具で遊ぶ。（がんぐ）
一時的な措置。（そち）
廃藩置県（はいはん）
近畿地方の山。（きんき）
目尻のしわ。（めじり）
紅に染める。（くれない）
血眼で探す。（ちまなこ）
氏神様を祭る。（うじがみ）
次第に治る。（しだい）
一朝一夕（いっせき）
傍若無人（ぼうじゃく）
持ち得る力。（う）
母の生い立ち。（お）
時間を費やす。（つい）

三角州の形成。（さんかくす）
黄金色の麦畑。（こがね）
神社の神主。（かんぬし）
父は外科医だ。（げかい）
厳しい修行。（しゅぎょう）
父の敵を取る。（かたき）
大将を討つ。（う）
災いが起きる。（わざわ）
郷に従う。（ごう）
戦に備える。（いくさ）
小銭を入れる。（こぜに）

漢字に親しもう5 教 p.176

ズバッ 暫定の順位。（ざんてい）
世界の征服。（せいふく）
ズバッ 鍛錬を積む。（たんれん）
座禅を組む。（ざぜん）
蚊柱が立つ。（かばしら）
朱色の服。（しゅいろ）

渋柿を干す。（しぶがき）
江戸の瓦版。（かわらばん）
石碑を建てる。（せきひ）
建坪の計算。（たてつぼ）
邦楽を聴く。（ほうがく）
仏の塑像。（そぞう）
信用の失墜。（しっつい）
堕落した政治。（だらく）
庭の垣根。（かきね）
忘恩的な行動。（ぼうおん）
美しい花園。（はなぞの）
今昔の物語。（こんじゃく）
土地の貸与。（たいよ）
深浅の差。（しんせん）

エルサルバドルの少女 ヘスース 教 p.178～187

格差の是正。（ぜせい）
凄惨な事件。（せいさん）

一張羅を着る。（いっちょうら）

ズバッ 敵を翻弄する。（ほんろう）

仕事を辞める。（や　）

紛争地の看護師 教 p.188～190

残酷な出来事。（ざんこく）

わたしを束ねないで 教 p.200～203

稲穂が実る。（いなほ）

昆虫の観察。（こんちゅう）

▶文法―1、2年生の復習①

言葉の単位

	特徴
文章 談話	一まとまりの内容を文字（文章）／音声（談話）で表したもの。
段落	文章を内容のまとまりごとに区切ったもの。段落の初めは一マス下げる。
文	まとまった内容を表す一続きの言葉。最後に「。（句点）」をつける。
文節	発音や意味の上で不自然にならないようにできるだけ短く区切ったまとまり。
単語	言葉の意味を壊さないように文節をさらに細かく分けたもの。

文節どうしの関係

① 主・述の関係（主語・述語）
② 修飾・被修飾の関係（修飾語）
③ 接続の関係（接続語）
④ 独立の関係（独立語）

連文節の関係

① 並立の関係…二つ以上の文節を対等な関係で並べる。
② 補助の関係…主な意味を表す文節に、意味を補う文節がつく。

自立語と付属語

自立語…単独で文節を作ることのできる単語。
付属語…単独で文節を作れず、自立語について意味を添える単語。

活用の有無

活用…文の中で使われるとき、後ろにつく言葉によって、単語の形が変化すること。

例 歩く
私はもう歩かない。
私は毎日歩きます。
私は駅まで歩く。
歩くときはいつも歌を歌う。
道を歩けば楽しくなる。
もっとしっかり歩け。
僕と一緒に歩こう。

品詞

【品詞分類表】

自立語/付属語	活用	働き		品詞	意味・働き	例
自立語	活用する	述語になる（用言）	ウ段で終わる	動詞	動作・変化・存在を表す	話す・調べる
自立語	活用する	述語になる（用言）	「い」で終わる	形容詞	状態・性質を表す	少ない・苦い
自立語	活用する	述語になる（用言）	「だ・です」で終わる	形容動詞	状態・性質を表す	静かだ・自然だ
自立語	活用しない	主語になる（体言）		名詞	生き物・物・事柄などを表す	本・九州
自立語	活用しない	修飾語になる	主に連用修飾語になる	副詞	主に用言を修飾する	もし・とても
自立語	活用しない	修飾語になる	連体修飾語になる	連体詞	体言を修飾する	あんな・いわゆる
自立語	活用しない	接続語になる		接続詞	前後の文や語をつなぐ	けれど・つまり
自立語	活用しない	独立語になる		感動詞	感動・呼びかけ・応答を表す	おい・まあ
付属語	活用する			助動詞		せる・よう
付属語	活用しない			助詞		に・より

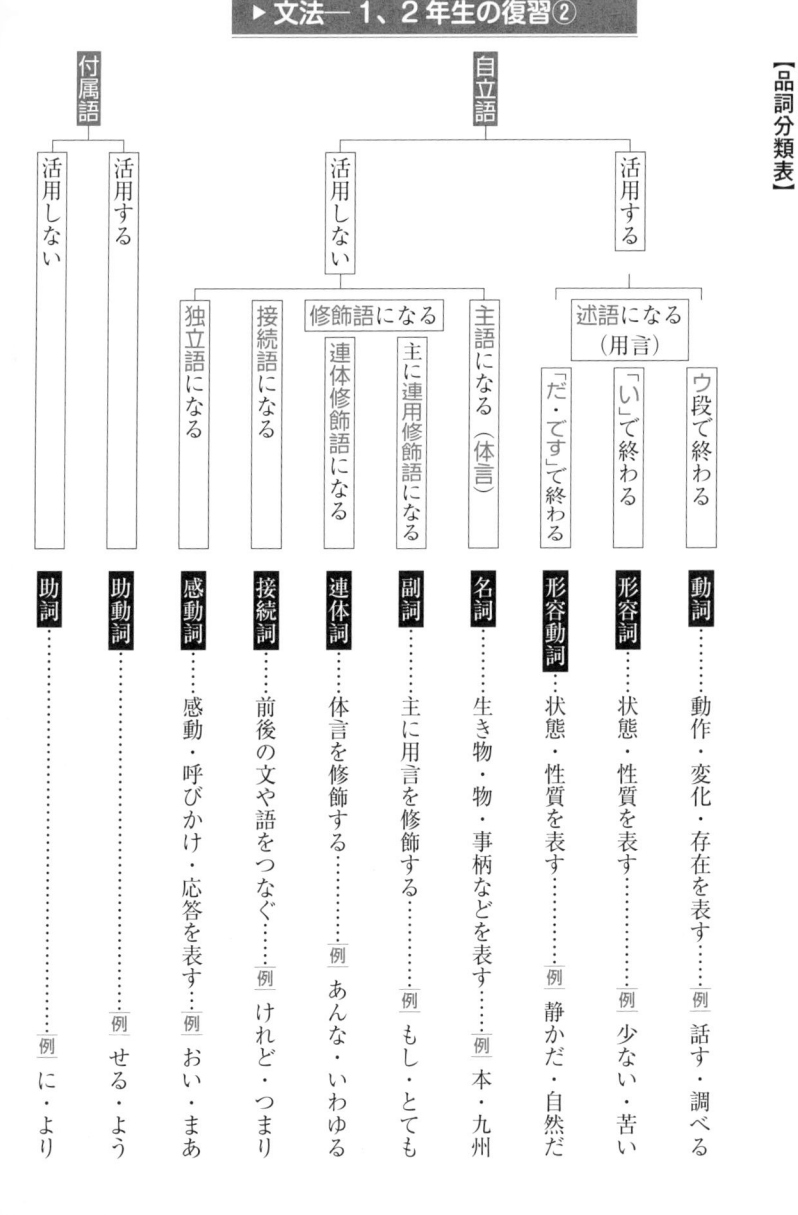

▶文法— 1、2 年生の復習③

動詞の活用

	基本形	語幹	未然形 —ない —う・よう	連用形 —ます —た	終止形 —。	連体形 —とき —ので	仮定形 —ば	命令形 —。
五段活用	走る	はし	—ら —ろ	—り —っ	—る	—る	—れ	—れ
上一段活用	見る	(み)	み	み	みる	みる	みれ	みろ
下一段活用	調べる	しら	—べ	—べ	—べる	—べる	—べれ	—べろ
サ行変格活用（サ変）	する …する	○	し せ さ	し	する	する	すれ	しろ
カ行変格活用（カ変）	来る	○	こ	き	くる	くる	くれ	こい

▶文法―１、２年生の復習④

形容詞・形容動詞の活用

		形容詞	形容動詞	形容動詞
基本形		楽しい	静かだ	静かです
語幹		たのし	しずか	しずか
未然形	―う	―かろ	―だろ	―でしょ
連用形	―た ―ない ―なる ―ございます	―かっ ―く ―う	―だっ ―で ―に	―でし
終止形	―。	―い	―だ	―です
連体形	―とき ―ので	―い	―な	―です
仮定形	―ば	―けれ	―なら	○
命令形	―。	○	○	○

▶文法—１、２年生の復習⑤

助動詞	意味	例文
れる られる	受け身 可能 尊敬 自発	友達が先生にほめられる。 遠くまで球を投げられる。 お客様が家に来られる。 故郷が思い出される。
せる させる	使役	妹を先に家に帰らせる。
たい たがる	希望	私もそこに行きたい。 弟がゲームをやりたがる。
ない ぬ	打ち消し	決して折れない強い決意。 そ知らぬ顔をする。
う よう	推量 意志 勧誘	もう残りは少なかろう。 明日は早く起きよう。 一緒に駅まで行こう。
ます	丁寧	私も放課後に残ります。

助動詞	意味	例文
た（だ）	過去 完了 存続 想起	昨日は雨が降った。 駅に着いたら電話をして。 壁にかかった絵を見る。 君はもう見たの？
らしい	推定	どうもけがをしたらしい。
ようだ ようです	推定 比喩	もうすぐ雨が降るようだ。 星が宝石のようだ。
そうだ そうです	推定 様態 伝聞	彼が一位になりそうだ。 今にも雨が降りそうだ。 明日は雨が降るそうだ。
まい	否定の意志・推量	二度と失敗はするまい。 今日は、誰も来るまい。
だ です	断定	弟はまだ小学生だ。

格助詞	主に体言に付いて、体言とその下の語句との関係を表す。	例 この本がおもしろい。 明日から二学期が始まる。
副助詞	いろいろな語句に付き、意味を付け加える。	例 あと五分ほど待ってください。 寒いのは苦手です。
接続助詞	主に活用する語句に付いて、前後をつなぐ。	例 もう遅いので、帰ろう。 明日ならば、一緒に行けます。
終助詞	文や文節の終わりに付いて、話し手や書き手の気持ち・態度を表す。	例 明日は雨になりそうですね。 もう一度確認してもらえますか。

▶古文―歴史的仮名遣いの読み方

①語頭以外の「は・ひ・ふ・へ・ほ」は、「わ・い・う・え・お」になる。

例 おはしけれ→おわしけれ
言ひける　→いいける

②「ゐ・ゑ・を」は、「い・え・お」になる。

例 をとこ→おとこ　こゑ　→こえ

③「ぢ・づ」は、「じ・ず」になる。

例 なんぢ　→なんじ　よろづ→よろず

④「くわ・ぐわ」は、「か・が」になる。

例 くわし（菓子）→かし
ぐわん（願）→がん

⑤「au」は「ô」、「iu」は「yû」、「eu」は「yô」になる。

例 やうやう　→ようよう
うつくしう→うつくしゅう

※①～⑤のきまりを組み合わせる場合もある。

例 てふてふ→てうてう→ちょうちょう

▶古文―和歌集

	成立	撰者	特徴
万葉集	奈良時代	大伴家持《おおとものやかもち》	二十巻、約四千五百首。幅広い階層の人々の素朴な感動が力強く歌われる。
古今和歌集	平安時代 初期	紀貫之《きのつらゆき》 凡河内躬恒《おおしこうちのみつね》 紀友則《とものり》 壬生忠岑《みぶのただみね》	二十巻、約千百首。醍醐《だいご》天皇の勅命《ちょくめい》で作られた、最初の勅撰《ちょくせん》和歌集。春・夏・秋・冬・恋などに分類される。技巧を凝らし、繊細で優美な歌が多い。
新古今和歌集	鎌倉時代 初期	藤原有家《ふじわらのありいえ》 藤原定家《さだいえ》 藤原家隆《いえたか》 藤原雅経《まさつね》 源通具《みなもとのみちとも》 寂蓮法師《じゃくれんほうし》	二十巻、約千九百首。後鳥羽《ごとば》上皇の命で作られた、八番目の勅撰和歌集。自然美や繊細な感情を、象徴的に表現した歌が多い。

▶漢文

訓読の方法

白文…漢字だけで書かれた中国の文章

学而不思則罔思而不学則殆

訓読…白文を日本語で読めるようにする。

送り仮名…漢字の送り仮名、助詞、助動詞を歴史的仮名遣いで右下に書く。

返り点……読む順序を表す記号。漢字の左下に書く。

句読点……「、」や「。」

学ビテ而不《ざ》レバレ思ハ則《すなは》チ罔《くら》シ。

思ヒテ而不レバレ学バ則チ殆《あやふ》シ。

書き下し文…日本語で読めるようにした漢字仮名交じり文。

学びて思はざれば則ち罔し。

思ひて学ばざれば則ち殆し。

返り点

① レ点…すぐ上の字に一字返って読む。

例 2レ 1 4レ 3

② 一・二点…二字以上を隔てて、返って読む。

例 1 4二 2 3一

③ 上・下点…一・二点を挟み、さらに返って読む。

例 6下 3二 1 2一 4 5上

④ 一レ点…一点とレ点を組みあわせたもの。

例 5二 1 2 4レ 3

置き字

上の「而」は、書き下し文にするときは読まない。

このような字を「置き字」という。